KB200433

부부 문제로 꼼짝 못하는 사람들에게

Originally published in English under the title

Stuck: Help for the Troubled Home

by Bob Sorge

International Copyright © 2019 by Bob Sorge

Published by Oasis House
PO Box 522, Grandview, Missouri 64030-0522, U.S.A.
www.oasishouse.com
www.bobsorge.com

Translated by permission of the author
All rights reserved.

This Korean Edition © 2020 by Kyujang Publishing Company

부부 문제로
꼼짝못하는
사람들에게

흔들리는 부부생활의 위기 앞에서 듣는 예수님의 명령 | 밥소르기

규장

만약 당신의 결혼이 죄와 불순종으로 훼손되었다면, 이 작은 책이 당신을 성경적인 화해의 길로 인도할 것이다.

제이미 에반스 | 메리지투데이(MarriageToday) 설립자

사회 혁신가들은 가족과 공동체의 행복을 위협하는 뿌리 깊은 사회 문제와 싸우기 위해 창의적인 접근법과 대담한 아이디어를 제시한다. 과거의 방법이 당신을 움직이지 못하게 하고 변화시킬 능력이 없다면 당신을 위한 새로운 접근법이 필요하다. 당신이 이 책을 읽는다면, 밥 소르기 목사를 사회 혁신가라 결론 내릴 것이다. 그는 독자들에게 성경적인 통찰력과 아울러 그들의 인생과 가족의 상처를 회복시킬 도구를 구비하도록 해줄 것이다.

데이비드 아일랜드 박사 | 기독교 작가

CONTENTS

예수님의 말씀을 따라
복된 결혼을 회복하라

나는 지금까지 사역 차 여러 차례 한국을 방문했고, 또 전 세계 여러 지역에서 한국인들과 함께 사역해왔다. 하나님께서 한국의 기독교 증인들을 통해 열방을 어떻게 변화시키시는지 보면 놀랍기만 하다.

한국의 크리스천 사회 가운데 이 책을 심게 되어 영광으로 생각한다. 나는 이 책의 메시지가 많은 결혼을 도울 수 있을 것이라 생각한다. 또한 많은 교회가 어떻게 사람을 구원하고 돕는 방법으로 교회의 규율을 행사해 나가야 하는지 배우는 데도 도움을 줄 것이다.

　이 책의 메시지는 부부들을 상담하는 나의 방식에
도 변화를 가져왔다. 이 책이 결혼의 문제로 꼼짝 못
하고 있는 크리스천 부부들의 회복을 도와 복된 결혼
생활을 영위하도록 돕기 원하는 한국의 수많은 목회
자와 상담 전문가에게 쓰임 받기를 소망한다.

　나는 이 책을 읽는 모든 분들의 결혼생활을 지지한
다. 예수님 또한 그러실 것이다. 화해와 평화가 있는
예수님의 방법을 따르기를 기도한다.

밥 소르기

01

내게 일어날 거라고
예상하지
못했던 일

독실한 크리스천이었던 브래드(Brad)와 안나(Anna)는 행복한 결혼생활을 누렸다. 서로 열렬히 사랑했고, 대학을 졸업하자마자 결혼한 후 아이도 가졌다. 교회에서 활발히 활동했고 모든 면에서 평화롭고 행복한 가정으로 보였다. 그러나 그림자 속에 어두운 무언가가 도사리고 있었다.

무엇이 잘못되었을까?

브래드는 떨쳐낼 수 없는 포르노(pornography) 중독에 빠져 있었고, 안나는 브래드와 결혼한 이후에 이 사실을 알게 되었다. 때로 브래드는 안나에게 자신의 중독에 관해 이야기했지만, 수치심으로 더 이상 말을 할 수 없게 되었다. 브래드는 유혹과 싸우려는 의지를 잃어버리기 시작했고 그러면서 천천히 가라앉고 있었다.

결혼생활 내내 안나는 브래드에게 지지를 표현하며 그를 위해 기도했다. 그러나 브래드가 도움을 요청하면 안나는 그에게 책임을 물었다. 그녀는 남편을 대신해서 하나님께 부르짖었지만, 자신이 남편을 도울 능력이 없다고 느꼈다. 안나는 남에게 자기 이야기를 하기 싫어하는 브래드에게 상담 전문가를 만나보자고 했고, 그는 안나의 부탁에 몇 차례 상담도 받았다. 그러고는 안나에게 자신이 점점 나아지고 있다고 거짓말을 하기 시작했다. 그러나 그의 생각과 삶은 점점 어두워지고 있을 뿐이었다. 결국 그는 직장 동료와 첫 불륜을 저지르게 되었다.

브래드는 주님을 사랑했지만 외도가 시작되자 그 어느 때보다도 그리스도와 멀어진 기분을 느끼기 시작했다. 덫에 걸린 기분이었다. 그때가 바로 데이트 앱(App)에 가입하고 매력적인 여자를 만났을 때였다. 두 번째 외도는 더 빠른 속도로 심각해졌고, 안나를 향한 브래드의 마음은 차갑게 식어버렸다.

브래드가 심각한 외도를 저질렀다는 사실을 안나가 알았을 때는 이미 너무 늦어버렸다. 브래드는 교회를 떠났고 안나와 이혼했으며 그녀와 아이들을 남겨둔 채 재혼했다. 불행한 것은 브래드와 안나의 이야기처럼 이혼으로 끝나버리는 신자들의 이야기가 많다는 것이다.

"무엇이 잘못되었나?", "그들이 다르게 행동할 수는 없었을까?", "우리가 무엇을 놓친 것일까?", "어떻게 위기에 처한 크리스천 부부들을 도울 수 있을까?", "그들이 결혼을 유지하고 치유할 수 있도록 돕는 방법은 무엇일까?" 이와 같은 질문들이 나로 하여금 이 책을 쓰도록 떠밀었다.

자신의 결혼생활이 꽉 막혔다고 느낀다면

예수님은 우리에게 결혼생활의 갈등을 다룰 수 있는 지혜로운 방법을 주셨는데, 거의 아무도 이 사실을 모른다. 거의 아무도 예수님의 방법을 사용하지 않는다. 그러나 나는 진심으로 당신이 이 방법을 살펴보고 심사숙고하기를 바란다.

지난 몇 년 동안, 나는 크리스천 가정들이 깨어지는 것을 고통스러운 침묵 가운데 지켜보면서, 이 책의 메시지를 그들에게 전해줄 수 있기를 바랐다. 주님께서 나에게 이 메시지를 압축시켜 글로 쓰게 하셨다고 믿는다. 나는 이 책이 결혼생활의 어려움에 빠져 허우적거리고 있는 교회 안의 '브래드와 안나'에게 도움이 되기를 바란다. 비록 그 방식이 표면적으로는 우리의 직관에 어긋나는 것처럼 보일지라도,

나는 예수 그리스도의 지혜를 따를 때 결혼생활이 어떻게 치유될 수 있는지 보여주고자 한다. 예수님은 우리에게 부부의 화해를 추구할 수 있는 방법을 알려주셨다. 예수님의 방법은 명확하고 지혜롭다. 그리고 혁신적이다.

나는 당신의 결혼생활이 유지되고, 풍성해지고, 성취감을 주고, 열매 맺기를 원한다. 우리의 결혼이 행복하고 건강할 때, 우리의 자녀들이 교회와 사회, 두 영역에 모두 기여할 수 있는 최고의 기회를 갖게 된다. 당신의 가정이 건강하기를 진심으로 기원한다.

죄가 당신의 결혼생활에 해를 입힐 때는 죄 고백, 회개, 용서 그리고 그리스도의 보혈로 씻김을 받아야 회복되고 치유될 것이다. 그러나 죄 고백이나 변화가 없다면 그 상처는 해결되지 않은 채 남을 것이다. 불행하게도 일부 크리스천 부부들이 그들의 관계에서 해결되지 않은 죄 가운데 그대로 살고 있으며, 앞으로 그들의 앞길에 어떤 일이 벌어질지 모르고 있다.

어떤 사람은 죄를 짓는 배우자의 행동, 회개에 대한 배우자의 저항, 그리고 그런 배우자를 위해 자신이 아무것도 할수 없다고 느끼는 무력감 때문에 결혼생활이 꽉 막혀 있다는 기분을 느낀다. 그러나 나는 당신의 결혼생활이 막히지 않았다고 말하기 위해 이 책을 쓰고 있다. 예수님은 당신에게 앞으로 나아갈 길을 알려주셨다.

예수님의 말씀을 적용하라

이쯤에서 아마 당신은 내가 말하려고 하는 예수님의 가르침이 무엇인지 궁금할 것이다. "예수님께서 언제 크리스천의 결혼에서 일어나는 갈등과 불화를 다루는 올바른 방법을 가르치셨는가?" 당신의 질문에 감사한다. 나는 다음에 제시하는 예수님의 말씀을 부부간의 화해에 적용하도록 당신을 초대하고자 한다.

> 네 형제가 죄를 범하거든 가서 너와 그 사람과만 상대하여 권고하라 만일 들으면 네가 네 형제를 얻은 것이요 만일 듣지 않거든 한두 사람을 데리고 가서 두세 증인의 입으로 말마다 확증하게 하라 만일 그들의 말도 듣지 않거든 교회에 말하고 교회의 말도 듣지 않거든 이방인과 세리와 같이 여기라 마 18:15-17

만약 당신이 그리스도인과 결혼했다면, 당신의 배우자는 그리스도 안에서 당신의 형제자매이기도 하기 때문에 이 말씀 역시 당신의 결혼에 적용할 수 있다. 이 책의 전반에 걸쳐서 나는 이 구절을 반복적으로 강조할 것이다.

앞서 말한 결혼의 예시에서, 브래드는 그리스도 안에서 안나의 형제였다. 그런데 포르노를 보면서 아내에게 죄를 짓고 있었다. 그러나 안나는 남편이 자신에게 죄를 짓고 있다는 생각을 실제로 드러낸 적이 없었다. 그녀는 그가 유혹과 싸우고 있다는 것을 알았지만, 결코 다음과 같이 표현하지 않았다. "내 남편이 나에게 죄를 짓고 있다. 그리스도 예수 안에 있는 나의 형제로서 나는 그에게 가서 그의 잘못을 말해줘야 한다." 그녀는 그저 기도만 했고 남편의 변화를 바랄 뿐이었다.

안나는 마태복음 18장이 그녀의 결혼생활을 위해 싸우기 위한 적절한 방법이라고 전혀 생각해본 적이 없었다. 그것이 그녀가 이 구절을 통해 그리스도의 강력한 선물에 다가갈 수 없었던 이유이다. 만약 마태복음 18장 15-17절의 단계가 안나의 결혼생활에 적용될 수 있다는 것을 알았다면, 안나는 이 말씀을 듣고 브래드에게 다가갈 수 있었을 것이다. 만약 브래드의 마음이 주님을 향해 여전히 부드럽게 반응하고 있었을 때 일찍이 안나가 그렇게 했더라면, 그리고 그가 포르노를 봄으로써 그녀에게 죄를 짓고 있다는 것을 그에게 말해주었다면, 그는 그녀의 요청에 반응하여 자신의 죄를 극복할 수 있도록 도와달라고 요청했을지도 모른다. 치유와 화합으로 가는 예수님의 방식은 승리했을 것이다.

나는 담대하고 분명하게 말한다. 마태복음 18장 15-17절은 배우자 두 사람 모두 신자인 가정에 적용될 수 있다. 예수님은 이 본문을 통해 파괴적인 죄로부터 우리의 가정을 정결하게 하고 우리의 가정이 건강하게 회복될 수 있도록 조언해주신다. 어떤 사람들은 이 메시지에 논쟁의 여지가 있다고 생각할 수도 있다. 다른 사람들은 이 말씀이 위험하거나 지나치게 대립적이라고 생각할 수도 있다. 그러나 나는 이것이 성경적이고 화평하며 지혜로운 방법이라고 확신한다.

자신에게 다음과 같은 질문을 던져보자. 왜 사람들은 예수 그리스도의 교회에서 마태복음 18장 15-17절 말씀을 따르는 일이 그리 드문가? 이 본문을 통해 예수 그리스도께서 가르쳐주신 3단계를 성도와 교회에 적용하는 예를 얼마나 자주 들어보았는가? 예수님의 방식이 지혜가 부족하다고 여기지는 않는가? 우리가 예수님보다 앞서가거나 예수님의 말씀이 위기 상황에 적용될 수 없다고 가정하는 것은 아닌가? 지금까지 우리는 왜 이토록 자주 예수님의 조언을 간과하거나 보류하거나 무시하거나 망각해 왔는가? 그것은 우리가 우리 자신의 마음이 상할까 봐 예수님의 가르침을 소홀히 했기 때문이다.

하나님은 순종을 기뻐하신다

나는 예수님의 모든 제자에게 마태복음 18장 15-17절, 그분의 말씀을 믿고 순종할 것을 요청한다. 성령님은 그러기 위해 우리에게 필요한 용기와 겸손함을 주실 준비가 되어 계신다. 만약 우리가 그분의 말씀에 순종한다면, 그분이 우리를 영화롭게 하실 것이다.

성경의 이야기로 예를 들어 진리를 설명하겠다. 하나님은 이스라엘 모든 남자에게 일 년에 세 번씩 그들의 집을 떠나라고 명하셨다. 예루살렘으로 가서 세 번의 절기를 기념

하도록 하기 위해서였다. 물론 하나님은 그들이 다음과 같은 생각에 빠질 것을 알고 계셨다. "만약 우리가 일 년에 세 번 집을 떠나면 우리의 적들이 이 점을 주시하고 있다가 우리가 예루살렘으로 가는 동안 우리의 집을 침범할 것이다. 그것은 아내와 아이들, 가축들이 공격받도록 내버려두는 셈이니 우리는 그렇게 할 수 없다."

그래서 하나님은 그들에게 "만약 너희가 내게 순종하고, 내가 명한 대로 일 년에 세 번 예루살렘으로 올라간다면, 나는 반드시 너희가 없는 동안 대적들이 너희의 집을 공격하지 못하게 할 것이고, 너희는 그것을 보게 될 것이다"라고 확실히 약속해주셨다(출 34:23, 24).

하나님은 그들의 순종을 독려하기 위해 약속하셨다. 우리도 종종 이와 비슷한 생각의 유혹을 받는다. 때때로 우리는 하나님께 순종하는 것이 우리를 불행에 더 노출시킨다, 불행을 겪기 쉽게 만든다고 생각하려는 충동을 느낀다. 특히 마태복음 18장 15-17절의 경우가 그렇다. 우리의 자연스러운 마음은 이렇게 말할 것이다. "마태복음 18장 15-17절 말씀을 지금 당장 적용하는 것은 내 결혼생활의 문제를 해결하는 데 최악의 방법이 될 것이다. 그렇게 하면 그 결과는 처참할 거야."

　그러나 순종이 터무니없어 보일지라도, 믿음은 예수님께 순종하는 것이다. 그리고 하나님은 항상 순종에 근거한 믿음을 기뻐하신다. 다시 말하지만, 예수님은 우리의 순종에 대해 다음과 같이 말씀하셨다.

> 그러므로 누구든지 나의 이 말을 듣고 행하는 자는 그 집을 반석 위에 지은 지혜로운 사람 같으리니 비가 내리고 창수가 나고 바람이 불어 그 집에 부딪치되 무너지지 아니하나니 이는 주추를 반석 위에 놓은 까닭이요
>
> 마 7:24,25

이 책이 주는 몇 가지 통찰

믿고 순종하자! 그러면 하나님께서 당신을 영화롭게 하실 것이다. 예수님의 방식에 따라 관계의 회복을 시도한다고 해서 모든 결혼생활이 절로 구원을 얻게 되는 것은 아니다. 왜냐하면 예수님은 예수님의 지혜를 거부하는 사람들의 뜻까지 존중하시기 때문이다. 그러나 예수님의 방식을 따르

는 것은 당신의 결혼이 회복되고 성공하는 최고의 기회를 제공할 것이고, 당신은 순종의 보상을 누리게 될 것이다.

우리가 마태복음 18장을 크리스천의 결혼에 적용할 경우 당신은 이전에 고려하지 않던 몇 가지 생각을 하게 될 것이다. 그러므로 제시된 성경 구절을 자세히 살펴보고, 성령님께 깨닫게 해달라고 간구하며, 예수님께서 우리에게 어떻게 응답해주실지 곰곰이 생각해보라.

이 책에서 발견할 수 있는 독특한 통찰은 무엇인가?

- 당신은 크리스천의 결혼의 위기를 해결할 수 있는 방법을 알게 될 것이다.
- 당신은 죄를 짓는 배우자 때문에 고통받는 배우자에게 주는 실제적인 가이드라인을 발견할 것이다.
- 당신은 위기에 처한 크리스천의 결혼을 돕는 실제적인 도구를 구비하게 될 것이다.

이 책은 끝까지 금방 읽을 수 있다.

02

결혼생활에서
생기는 암과 같은
죄의 문제

결혼생활에서 문제와 긴장을 일으키는 것이 무엇인가? 많은 경우 그것은 죄다. 죄는 암과 같다. 암이 우리 몸에 끼치는 영향처럼 결혼생활에서 어느 정도의 죄는 견딜 만하다. 하지만 죄가 곪아 터지도록 내버려두면, 죄는 우리의 결혼이 깨어질 때까지 파고들어 올 것이다. 반면에 죄를 제대로 처리하고 제거하면 결혼생활은 만족스럽고 즐거울 것이다.

결혼을 공격하는 실체

당신의 배우자가 당신에게 죄를 범할 때, 그 '암'을 찾아 나서라. 나는 지금 괴팍한 성격이나 결점이 아니라 '죄'에 대해 말하고 있다. 특이한 성격이 항상 죄가 되는 것은 아니다. 그것은 개인적인 특색일 수 있다. 배우자의 특이한 성격이 당신을 성가시게 할 수 있지만, 당신의 결혼에 치명적이지는 않을 것이다. 그러나 죄는 치명적이다. 결혼은 보통 변덕으로 파탄 나지는 않는다. 결혼은 죄 때문에 끝나버린다. 배우자가 짜증이 나는 성격일 경우 우리는 서로 사랑함으로 오래 참는다(엡 4:2). 그러나 파괴적인 죄가 있다면 우리는 그것을 찾아내야 한다.

우리는 죄를 짓는다. 우리가 아무리 노력한다 해도 우리는 하나님의 영광에 이르지 못하기 때문에 죄가 없는 결혼생활은 찾아볼 수 없을 것이다(롬 3:23 ; 요일 1:8). 그러므로 모든 신자는 가정을 해칠 수 있는 죄를 씻어내기 위해 끊임없이 경계해야 한다.

당신의 결혼생활은 공격받고 있다. 사탄은 결혼이라는 제도를 싫어하는데, 그것은 결혼이 제공하는 건강함과 안정성 때문이다. 그래서 당신의 결혼을 싫어하는 것이다. 사탄은 당신의 결혼생활을 무너뜨리기 원한다. 어떻게? 당신과 당신의 배우자가 죄를 짓도록 유혹함으로써. 사탄은 죄가 결혼을 망가뜨릴 수 있다는 사실을 안다.

나는 당신에게 다음과 같이 촉구한다. 당신의 결혼생활에 쳐들어오려고 하는 죄의 정체를 찾아내어 그것을 제거하라. 결혼은 고귀하고 성스러운 제도이며, 줄기차게 보호받아야 마땅하다. 싸워라! 너의 가정을 지켜라! 죄를 물리쳐라. 당신의 결혼은 그럴 만한 가치가 있다.

결혼생활이 위기에 처했을 때, 우리는 이 어려움을 걱정

거리나 힘든 일, 도전 과제나 해결해야 할 문제라고 말하는 경향이 있다. 그러나 우리가 진짜 솔직하다면, 우리는 그것을 실체 그대로 '죄'라고 부를 것이다. 결혼은 배우자가 서로에게 죄를 짓기 때문에 깨진다. 부부가 서로 죄를 짓지 않는다면, 그 결혼은 평화롭고 건강할 것이다. 결국 문제는 죄다.

부부 문제에 대한 중요한 질문

중요한 질문이 있다. 만약 당신이 힘든 결혼생활을 하고 있다면, 나는 당신에게 다음과 같이 질문해보도록 요청하고 싶다. "배우자가 내게 죄를 짓고 있는가?", "내가 배우자에게 죄를 짓고 있는 것인가?" 우리는 이 질문을 던져야만 한다. 왜냐하면 먼저 병을 정확히 진단해야 치료법을 찾을 수 있기 때문이다. 우리가 우리의 부부 문제가 죄라는 것을 인식하지 못한다면, 치료법을 찾으려는 우리의 모든 시도는 결국 주변을 맴돌다 끝나버리고 말 것이다. 그러나 죄를 물을 때 우리는 문제의 핵심으로 직행할 수 있다.

다음으로 중요한 질문은 "무슨 죄를 지은 것인가?"라는 질문이다. "배우자의 무엇이 나를 괴롭히는가?"는 올바른 질문이 아니다. 올바른 질문은 "배우자가 나에게 어떻게 죄를 짓고 있는가?"이다. 배우자가 당신에게 죄를 짓는다는 것은, 배우자가 성경의 특정한 명령을 모독하고 있다는 것이다. 어떤 구절이 무시되고 있는가? 어떤 명령에 순종하지 않고 있는가? 그리스도의 어떤 말씀이 간과되고 있는가? (배우자가) 어기고 있는 구절이나 성경적 원리를 찾아라. 죄를 규명하는 가장 좋은 방법은 그 죄를 다루는 특정한 성경 구절을 찾는 것이다.

당신의 배우자가 예수님의 진정한 제자라면, 당신이 그의 잘못을 알려주고, 당신에게 어떻게 죄를 지었는지 성경을 근거로 설명해줄 때, 즉시 회개할 것이다. 예수님의 제자는 예수님을 기쁘시게 하고, 그분의 명령에 순종하며, 죄를 극복하고, 진전을 이루기를 열망하기 때문이다.

부부 갈등을 일으키는 죄의 행위 목록

잠시 멈춰 서서 결혼을 깨뜨리는 가장 흔한 이슈가 무엇인지를 생각해보자. 그것은 무엇인가? 당신이 자세히 살핀다면, 결혼을 깨뜨리는 거의 모든 이슈가 죄라는 것을 깨달을 것이다. 부부 갈등을 일으키는 죄의 행위 목록을 다음과 같이 정리해보았다. 각 항목에 따르는 성경 구절은 해당 행동에 대해 다룬다.

- 폭언, 고함, 거친 언어 (갈 5:20)
- 욕설 또는 불경스러운 언어의 사용 (엡 4:29)
- 모욕적이고 비하하는 말 (빌 2:3)
- 서로 복종하지 않음 (엡 5:21)
- 부부간 성행위를 하지 않음 (고전 7:3-5)
- 포르노 또는 마음을 더럽히는 미디어 시청 (마 5:28)
- 추파를 던지는 행위 (잠 4:25)
- 부모의 명예를 더럽히는 행위 (엡 6:2)
- 위협과 강탈 (엡 6:9)
- 진정한 필요의 제공을 거부함 (딤전 5:8)
- 무례함 (롬 12:10)
- 사랑하지 않거나 불친절함 (엡 4:32)
- 별거 (막 10:9)
- 재정 낭비 (딤전 6:9,10)

- 약물 남용 또는 강박적 욕망 (벧후 1:6)

- 배우자 학대 또는 아동 학대 (눅 17:2 ; 벧전 3:7)

- 게으름 (딛 1:12,13)

- 조급함 (엡 4:2)

- 용서하지 않음 (엡 4:32)

- 간통 또는 성적인 죄 (출 20:14)

- 거짓말 (엡 4:15)

- 주술 참여 (계 9:21)

- 의사소통 거부 (롬 12:10)

- 이혼하겠다고 위협함 (고전 7:10,11)

크리스천 부부는 이런 행동들을 때때로 견딘다. 그러나 우리가 이러한 행동을 참으면 실제로 죄를 허용하는 것이다. 우리는 죄를 용납해서는 안 되며, 그리스도의 주권을 인정해야 한다. 우리가 앞으로 나갈 수 있는 유일한 방법은 죄를 거부하고, 죄를 고백하고, 죄를 회개하며, 서로 용서하고, 우리의 사랑을 새롭게 하는 것이다.

그러나 예수님의 제자라면?

당신은 예수님의 제자인가? 만약 그렇다면 그것은 당신의 모든 언행과 태도에서 그분의 말씀을 듣고 순종하는 데 온 마음을 쏟아야 한다는 것을 의미한다. 예수님은 우리에게 절대적인 순종을 요구하신다.

> 너희는 나를 불러 주여 주여 하면서도 어찌하여 내가 말하는 것을 행하지 아니하느냐 눅 6:46
>
> 그러므로 예수께서 자기를 믿은 유대인들에게 이르시되 너희가 내 말에 거하면 참으로 내 제자가 되고 요 8:31

예수님의 말씀을 따른다는 것은 말씀 안에서 묵상하고, 그 앞에서 떨며, 그 말씀대로 살아내는 것을 의미한다. 그분의 명령 중에 무엇을 따를지 결정하는 것은 우리의 선택사항이 아니다. 우리가 "네"라고 말할 때, 우리는 그분의 모든 말씀을 받아들이는 것이다. 그렇다. 우리는 말씀대로 살기 위해 몸부림치지만 그러기에 부족하다. 그러나 전심을 다해 완전한 순종에 도달하려고 힘써야 한다.

예수님의 두 제자가 결혼했을 때 두 사람은 그들의 관계에서 오는 스트레스를 해소할 근거를 가지고 있다. 두 사람 모두 예수님의 뜻과 말씀에 복종하기 때문이다. 한 배우자가 다른 배우자에게 가서 잘못을 말하면(마 18:15), 뉘우치고 서로 화해할 수 있다. 그러나 부부가 쉽게 합의에 이르지 못한다면, 마태복음 18장 16,17절 말씀이 그들을 돕는 두 단계를 더 제시한다.

결혼생활에 죄를 용납하지 말라

예수님은 만약 어떤 형제가 당신에게 죄를 지으면 어떻게 해야 하는지 분명한 행동 지침을 알려주었다. 예수님은 당신이 그에게 가서 그를 꾸짖고, 그의 잘못을 말하고, 당신의 형제를 얻기 위해 분투해야 한다고 말씀하셨다. 예수님은 두 가지 다른 경우에 이 명령을 내리셨다.

> 네 형제가 죄를 범하거든 가서 너와 그 사람과만 상대하여 권고하라 만일 들으면 네가 네 형제를 얻은 것이요
>
> 마 18:15

> 너희는 스스로 조심하라 만일 네 형제가 죄를 범하거든
> 경고하고 회개하거든 용서하라 눅 17:3

예수님은 죄지은 형제를 대하는 방법으로 다른 것을 알려주지 않으셨다. 앞으로 나아가는 길은 하나뿐이다. 만약 형제나 자매가 당신에게 죄를 지으면, 당신이 무엇을 해야 하는지를 놓고 기도할 필요가 없다. 예수님은 명확하시다. 당신이 그 사람을 찾아가 잘못을 타일러야 한다. 그러고 나서 그가 회개하면 그를 용서해야 한다. 당신이 예수님의 제자라면, 다른 믿는 자들 역시 이와 같은 동일한 방식으로 다루어야 한다고 말씀하신다. 죄는 반드시 직면하게 하고, 꾸짖고, 자백하고, 회개하고, 용서를 받아야 한다.

예수님의 명령은 믿는 사람들 사이에 죄를 용인하거나 죄가 간과되어서는 안 된다는 것을 의미한다. 그리스도의 몸 안에 쓴 뿌리가 자라지 않도록 죄는 반드시 처리되어야만 한다(히 12:15). 만약 죄지은 형제에게 가서 그의 잘못을 말하기를 거부한다면, 당신은 그리스도께 죄를 짓는 것이다. 당신이 신자와 결혼했더라도 그것은 변하지 않는다. 당신의 배우자가 당신에게 죄를 저지른다면, 당신은 예수

님의 명령대로 그를 찾아가 꾸짖고, 그에게 사랑으로 호소해야 한다.

결혼생활과 제자도

예수님을 향한 우리의 제자도는 우리가 배우자와 어떻게 관계하느냐로 가장 잘 설명된다. 예수님의 요구를 그대로 받아들이는 것이 부부생활의 핵심이다. 만약 내가 그리스도의 제자라면, 나는 배우자로서 나의 역할에 대해 말씀하시는 그분의 명령을 최우선 순위에 놓아야 한다. 만약 내가 그리스도의 제자라고 주장하면서, 배우자를 대하는 방식에서 예수님의 명령에 순종하지 않는다면, 나의 제자도가 얼마나 진실하다고 말할 수 있겠는가?

결혼은 우리가 그리스도의 형상을 닮아가도록 하는 혹독한 훈련의 장(場)이다. 사실 나는 가장 먼저 나의 결혼생활을 통해 예수님에 대한 나의 충성심을 드러내고 싶다. 가정에서 먼저 실천하지 않는다면 내 믿음은 헛것이다. 이것이 우리가 에베소서 5장 21-33절이 제시하는 경건한 배우자가 되기 원하는 이유다. 바울이 제시한, 우리의 경건한 역할을 상기해보자.

그리스도를 경외함으로 피차 복종하라 아내들이여 자기 남편에게 복종하기를 주께 하듯 하라 이는 남편이 아내의 머리 됨이 그리스도께서 교회의 머리 됨과 같음이니 그가 바로 몸의 구주시니라 그러므로 교회가 그리스도에게 하듯 아내들도 범사에 자기 남편에게 복종할지니라 남편들아 아내 사랑하기를 그리스도께서 교회를 사랑하시고 그 교회를 위하여 자신을 주심 같이 하라 이는 곧 물로 씻어 말씀으로 깨끗하게 하사 거룩하게 하시고 자기 앞에 영광스러운 교회로 세우사 티나 주름 잡힌 것이나 이런 것들이 없이 거룩하고 흠이 없게 하려 하심이라 이와 같이 남편들도 자기 아내 사랑하기를 자기 자신과 같이 할지니 자기 아내를 사랑하는 자는 자기를 사랑하는 것이라 누구든지 언제나 자기 육체를 미워하지 않고 오직 양육하여 보호하기를 그리스도께서 교회에게 함과 같이 하나니 우리는 그 몸의 지체임이라 그러므로 사람이 부모를 떠나 그의 아내와 합하여 그 둘이 한 육체가 될지니 이 비밀이 크도다 나는 그리스도와 교회에 대하여 말하노라 그러나 너희도 각각 자기의 아내 사랑하기를 자신 같이 하고 아내도 자기 남편을 존경하라 엡 5:21-33

우리는 단순히 행복한 결혼생활을 원하는 것이 아니다. 우리는 그리스도를 기쁘시게 하고, 그분과 같이 되고자 하며, 그분을 더 알기 위해 에베소서 5장을 따르려고 노력하는 것이다. 경건한 남편은 그리스도가 교회를 사랑하는 것처럼 아내를 사랑하기 원한다. 경건한 아내는 교회가 그리스도에게 복종하는 것처럼 남편에게 복종하기를 원한다. 그 모든 것이 그리스도에 대한 헌신이다.

사랑을 방해하는 모든 죄가 우리의 결혼생활에서 반드시 제거되어야만 한다.

03

성도와의 갈등, 부부 갈등을 해결하는 3단계

예수님은 다른 성도가 우리에게 죄를 지었을 때 갈등을 해결하기 위한 3단계 방법을 알려주셨다. 다시 말씀을 살펴보자.

> 네 형제가 죄를 범하거든 가서 너와 그 사람과만 상대하여 권고하라 만일 들으면 네가 네 형제를 얻은 것이요 만일 듣지 않거든 한두 사람을 데리고 가서 두세 증인의 입으로 말마다 확증하게 하라 만일 그들의 말도 듣지 않거든 교회에 말하고 교회의 말도 듣지 않거든 이방인과 세리와 같이 여기라 마 18:15-17

이제 각 단계에 대해 이야기해보자.

1단계 : 당신의 형제 또는 자매에게 가라

단둘이 만나 대화하라

형제나 자매가 당신에게 죄를 지으면, 먼저 그 사람에게 찾아가 그의 잘못을 말하여라. 이런 대화를 할 때는 방에 두 사람만 있어야 한다. 당신에게 저지른 죄의 본질을 설명하고, 그 사건에 대한 그의 의견을 들어보라. 각자 자신이 잘못한 일에 대해 후회하는 마음을 가져야 한다. 목적은 죄에 대한 인정과 회개 그리고 용서다.

특이한 상황이라면, 첫 번째 만남이라고 해도 방 안에 두 명 이상의 사람이 있을 수 있다. 예를 들어, 만약 여성이 위협적이고 폭력적인 남성을 찾아간다면, 그녀를 도와줄 누군가를 데려가야 한다. 또는 두 부부 사이에 죄가 있다면, 두 부부가 함께 만날 가능성도 있다. 때로 특이한 상황이 독특한 정황을 불러올 수 있지만 이런 만남은 대부분 두 사람 사이에서 일어난다.

그 사람에게 그가 당신에게 지은 죄를 제시할 때, 그 행위를 죄로 규정하는 성경 구절을 준비하라. "당신이 나에게 그런 짓을 저질렀을 때, 나는 싫었어요"라고 말하기보다 "당신이 내게 한 짓은 성경에 반하기 때문에 죄예요"라고 말하라.

당신의 형제나 자매가 한 일에 대해 다른 사람들에게 불평하지 말라. 그것은 험담이다. 당신의 첫 번째 반응은 당신에게 잘못을 저지른 그 사람과만 개인적으로 대화를 나누는 것이다.

죄를 지적하는 자세

당신의 형제에게 잘못을 말할 때, 다음과 같은 성경적 지침을 고려하여 다가가라.

- 소금으로 맛을 내듯이 은혜로운 말을 사용하라(골 4:6).
- 주님께 화평하게 하는 하늘의 지혜를 달라고 구하라 (약 3:17). 우리는 옳음을 따지려는 것이 아니라 화해하려는 것이다.
- 사랑으로 감화하고 친절하라(엡 4:2 ; 갈 6:1).
- 죄가 일어나는 순간 욱해서 쏘아붙이기보다 사랑은 오래 참는(고전 13:4) 것임을 기억하라. 형제에게 가기 전에 시간을 가지고 감정을 가라앉혀라. 그래야 둘 다 객관적일 수 있다.
- 사랑은 모든 것을 믿는다(고전 13:7). 사랑은 그의 진실함을 믿는 것이다. 그의 의도를 판단하거나 비난하

지 말고, 그의 말과 행동을 자신이 어떻게 받아들였는 지를 언급하라.

- 형제를 찾아가기 전에, 자신의 마음속 억울함과 분노를 깨끗하게 해달라고 구하라(엡 4:31).
- 친절하게 하고, 불쌍히 여기며, 용서할 준비가 되어 있어 있어야 한다(엡 4:32).

당신에게 죄를 범한 사람이 당신의 배우자라 해도, 같은 지침이 적용된다. 예수님은 당신이 배우자에게 직접 가서 개인적으로 꾸짖고, 그의 잘못을 보여주고, 그가 회개할 때 완전히 용서하며, 자신의 잘못을 회개하라고 명령하셨다.

배우자를 만날 때 마태복음 18장을 가져가라. 이 구절을 소리 내어 읽고 다음과 같이 말하라. "나는 지금 당신의 배우자로서 뿐만 아니라 그리스도의 형제(혹은 자매)로서 더욱 중요한 것을 말하고 있어요. 나는 그리스도의 명령에 순종함으로 당신에게 온 것입니다. 예수님께서 우리에게 이렇게 하라고 말씀하셨습니다. 그래서 마태복음 18장 15절의 정신으로 당신이 나를 당신의 형제(혹은 자매)로 받아들이기를 요청합니다. 나는 당신이 나에게 어떻게 죄를 저질렀다고 생각하는지 설명하려고 합니다."

상대의 말을 듣는다는 것

예수님은 "만약 그가 네 말을 들으면, 네가 네 형제를 얻은 것이다"라고 말씀하셨다. 당신의 형제가 당신의 말을 듣는다는 것이 무슨 뜻일까? 그것은 두 사람 모두 자신의 입장을 설명하고, 어떤 죄를 저질렀는지에 대해 동의하며, 자신의 정당한 몫의 책임을 받아들이고 회개하는 것을 의미한다. 그럴 때 당신은 용서할 것이고 그 관계는 유지될 것이다.

서로의 말을 듣는다는 것은, 당신이 상대의 잘못에 대해 의견이 다르더라도 서로 이해하며 치유와 회복에 이를 때까지 기꺼이 노력하는 것을 의미한다. 아마 그것은 시간을 내어 기도하거나, 성경을 연구하거나, 그 문제를 해결하는 데 도움을 줄 수 있는 상담 전문가를 찾아보는 것을 의미할 수도 있다. 만약 당신이 서로 이해하기 위한 길을 걷고 있다면, 당신은 상대의 말을 들을 것이다. 그리고 상대의 말을 듣는 것이 문제 해결의 길로 계속 나아가게 할 것이다.

배우자가 당신의 말을 듣는다고 해서, 그것이 상대가 다시는 그런 죄를 짓지 않는다는 것을 의미하지는 않는다. 우리가 성령 안에서 새로운 방식으로 죄에 반응하는 훈련이 될 때까지, 그리고 우리의 마음이 하나님의 말씀으로 완전히 새로워질 때까지(롬 12:2), 진심으로 죄를 회개하고 난 뒤에도 우리는 같은 죄를 반복할 수 있다.

어떤 죄는 우리의 가정교육 혹은 훈련이나 교육의 부족함을 보여주기도 한다. 우리가 죄를 이기기 위해 새로운 방법을 배우는 동안 인내가 필요하다. 예를 들어, 당신의 배우자가 쉽게 화를 내고 당신에게 화풀이를 하며 죄를 짓는다고 가정해보자. 당신이 배우자에게 다가가 말할 때 그는 이렇게 말한다. "여보, 당신이 옳아. 미안해. 용서해줘. 내가 자라온 집안 환경에는 많은 분노가 있었어. 아직 이 부분을 어떻게 극복해야 할지 모르겠어. 제발 나를 위해 기도해줘."

이 이야기에서 당신은 형제를 얻었다. 그가 비록 또다시 같은 죄를 짓더라도 곧바로 2단계로 나아가지는 않을 것이다. 당신은 그가 이 떨쳐버리기 어려운 죄로부터 완전한 자유를 얻을 때까지 책임감을 가지고 배우자와 함께 기도할 것이다. 만약 배우자가 죄를 극복하기 위한 노력을 중단한다면, 당신은 그때 2단계로 가면 된다.

어떤 죄는 반복적으로 회개하면서 극복되기도 한다. 배우자가 죄를 짓고 나서 회개할 때, 우리가 배우자를 몇 번이나 용서해야 할까? 일곱 번씩 일흔 번이다(마 18:22). 배우자가 용서를 구하고 변화되기 위해 노력한다면, 배우자는 당신의 말을 들은 것이다.

우리는 죄가 반복될 때 인내한다. 그러나 그 죄가 불법적이거나 결혼 서약을 위반하는 죄라면 예외다. 예를 들어 간통, 살인, 근친상간, 납치, 절도, 아동 학대와 같은 심각한 범죄 행위가 반복되는 것을 용납해서는 안 된다. 이와 같은 중대한 죄는 즉각적인 조치가 필요하며 법적인 대응 또한 뒤따라야 한다. 이 책은 그런 불법적인 죄보다는 흔하게 일어나는 죄에 대한 관계적 화해를 다루고 있다.

반복되는 죄가 당신의 결혼에 치명적이다

누군가 이의를 제기할 수 있다고 생각한다. "내가 배우자와 함께 마태복음 18장을 실천한다는 것이 지나친 처사가

47

아닐까?", "우리의 관계에서 연애 감정을 빼앗아가지 않을까?"

아니다. 마태복음 18장을 따르는 것은 부부의 연애 감정을 죽이는 것이 아니다. 죄를 견디는 것이야말로 연애 감정을 죽이는 것이다. 회개하지 않고 반복하는 죄보다 건강한 결혼생활에 더 치명적인 것은 없다. 그것이 예수님이 우리에게 죄를 용납하지 말라고 요구하신 이유다. 죄에 대처하는 예수님의 방법이야말로 우리의 수많은 결혼을 구할 수 있는 위대한 잠재력을 지녔다.

실제로 많은 부부가 마태복음 18장 15절의 첫 단계를 실행한다. 그들은 결혼생활에 지장을 주는 문제들에 관해 이야기를 나눈다. 그러나 함께 대화하는 동안 관계의 긴장과 죄를 해결하지 못하면 대부분 그다음 단계로 나아가지 못하고 답답한 그 상황에 갇혀버린다. 또는 "나도 어쩔 수 없어. 이게 바로 나야!" 이렇게 말할 수도 있다. "시간이 흘러 하나님께서 배우자의 마음을 바꿔주시기를 바라며 기도하고 있어. 나는 입을 다물고 하나님께서 일하시도록 기회를 드리고 있어", "나는 그를 바꿀 수 없어요. 하나님, 그것은 내 능력 밖이에요. 이제 뭐라도 해보세요, 주님." 아마 그들은 냉전 상태에 들어갈 것이다. 하지만 지금으로서는 정지된 상태이다.

좋은 소식이라면, 당신이 그 관계에서 해결되지 않은 죄 때문에 갇혀 있을 필요가 없다는 것이다. 그 골치 아픈 문제를 계속 무시할 필요가 없다. 예수님은 긍휼하심으로 당신이 도움을 요청할 대상을 허락하셨다. 그것이 결혼생활의 화해와 평화를 추구하기 위해 당신이 적용할 수 있는 2단계이다. 당신은 배우자에게 증언할 수 있는 한두 사람을 데려올 수 있다. 그리고 다시 말하지만, 이 방법은 당신의 배우자가 신자일 때만 실행할 수 있다.

당신은 배우자가 아니라 죄를 공격하는 것이다

어떤 가정들은 악마적이라 여겨지는 협약을 맺고 있는데, 그것은 "우리 가정에서 일어나는 일은 우리 가정 안에만 있어야 한다"라는 식의 전통을 고수하는 것이다. 이와 같은 파괴적인 가족 맹세(destructive family vow)는 집안의 모든 죄를 공개하지 않도록 하기 때문에, 외부의 어느 누구도 배우자를 죄에서 벗어날 수 있게 돕도록 다가오지 못하게 한다. 이런 약속이 마치 가족에 대한 숭고한 충성심인 것처럼 보이지만, 사실은 죄를 감추고 계속해서 죄를 짓게 만드는 사악한 방법이다. 그 대신 우리는 죄를 고백하고 처리하면서 빛 가운데 걸어가도록 부름을 받았다(요일 1:7).

만약 배우자가 당신에게 죄를 지었고 1단계에서 당신의 말을 듣지 않았다면, 당신은 주저 없이 2단계로 나아가야 한다. 이렇게 죄와 정면으로 맞서는 것이 결혼과 예수님께 둘 다 충성을 다하는 것이다. 배우자와 예수님을 향한 당신의 충실함이 결혼생활에 암세포가 남아 있지 못하도록 할 것이다. 2단계에서 당신은 배우자를 공격하는 것이 아니라 당신의 결혼생활에 해를 끼치는 죄를 공격하는 것이다. 좋은 외과의처럼 당신도 기꺼이 개입할 수 있다. 그래야 암을 초기에 부드럽게 제거할 수 있다.

만약 결혼생활에서 스트레스를 받고 있다면 나는 부부가 함께 이 책을 읽기를 제안한다. 두 사람이 동시에 이 책을 읽고 각 장을 찾아본다면 결혼생활에 도움이 되고, 두 사람의 관계가 더 견고해질 것이다. 만약 배우자가 당신과 함께 이 책을 읽고 싶어 하지 않더라도, 2단계로 가기 전에 이 책을 배우자에게 보여주는 것을 고려해보라. 아직까지 관계의 문제가 교착 상태로 남아 있다면, 당신은 배우자에게 2단계로 나아갈 것이라고 설명하라. 이 사실을 아는 것이 배우자가 결혼생활에 좀 더 협력하도록 하는 데 도움이 될 수 있다. 1단계에서 해결책을 찾는 것이 우리의 첫 번째 희망이다. 이제 2단계를 살펴보자.

2단계 : 한두 명의 증인을 데리고 가라

영적 권위를 가진 사람을 데려가라

만약 개인적인 대화가 끝난 후에도 관계가 여전히 교착 상태에 빠져 있다면, 다음 단계는 한두 사람을 배우자에게 데려가는 것이다. 다시 말하지만, 이것은 예수님의 말씀이다.

> 만일 듣지 않거든 한두 사람을 데리고 가서 두세 증인의 입으로 말마다 확증하게 하라 마 18:16

예수님은 우리에게 자비롭고 친절하게 마주할 것을 말씀하신다. 만약 당신의 배우자가 당신에게 죄를 짓고 회개하지 않는다면, 당신의 배우자가 회개하도록 돕기 위한 증인을 한두 명 더 데려와라. 이것은 화해와 치유를 바라는 '온

유한 심령'(갈 6:1)으로 행해야 한다.

다시 말하지만, 예수님은 목회자나 상담 전문가를 만나기 위해 기꺼이 동행하는 커플을 언급하시는 것이 아니다. 부부가 함께 상담을 받으려 한다는 것은 그들이 화해를 위해 노력할 만큼 서로의 말을 충분히 잘 듣는 것이다. 2단계에서는 상담 예약을 잡는 것보다는 더 대립적인 상황을 묘사하신다. 예수님은 회개에 저항하는 당신의 배우자에게 영적인 권위를 가진 사람을 데려가라고 말씀하신다. 당신의 배우자가 당신과 함께 영적인 권위를 가진 사람을 만나고 싶어 하지 않기 때문에, 당신이 영적 권위자를 당신의 배우자에게 데려가는 것이다.

당신이 가진 편견이 예수님에 대한 당신의 순종을 방해하지 않도록 하라. 예수님의 방법을 실행하는 것이 우리의 규범이나 문화와 달라서 어색함을 느낄 수 있다. 심지어 쑥스럽고 창피하다고 느낄 수도 있다. 그렇다. 이 과정에 많은 감정이 동반될 수 있다. 하지만 당신이 예수님의 제자라면, 마태복음 18장 15-17절에서 그분이 하신 말씀을 지키고 순종하라. 그러면 예수님도 당신에게 영광을 베푸실 것이다.

당신의 배우자에게 누구를 데려갈지 사려 깊게 생각해라. 성경과 주님 안에서 성숙한 사람, 당신의 상황에 대해 성경적 판단을 내릴 수 있는 사람을 찾아라. 한쪽 배우자에게 치우치지 않고 양쪽 배우자 모두에게 존경과 신뢰를 받는 객관적인 사람을 선택하라. 교회의 장로나 그의 아내와 같은 지도자를 선택하는 것을 고려해보라.

당신은 진정한 회개와 거짓 회개를 분별할 수 있는 사람을 원할 것이다. 만약 그 회개가 진실하지 않다면, 당신은 여전히 당신의 형제를 얻지 못한 것이다. 그들은 양쪽 이야기를 들어보고, 누가 죄를 지었는지, 누가 회개할 필요가 있는지 판단하는 데 도움을 줄 것이다.

증인들의 몇 가지 반응

일단 당신이 데리고 갈 사람을 한두 명 정했다면, 그들에게 당신 자신의 이야기를 들려주고 마태복음 18장 16절 말씀에 근거해서 함께 가주기를 요청한다고 설명하라. 이 시점에서 그들의 반응은, 당신이 앞으로 나아갈 방향을 제시하는 데 도움이 될 수 있기 때문에 당신에게 매우 유익하다. 그들은 다음과 같은 몇 가지 방식으로 반응할 것이다.

- 우리는 당신이 지금까지 이 일을 합리적으로 처리했다고 생각하며, 기꺼이 당신과 함께 당신의 배우자에게 갈 것이다.

- 우리는 당신이 이 일을 좀 더 잘 처리할 수 있었다고 생각한다. 우리가 당신과 함께 가기 전에, 당신이 돌아가서 당신의 배우자에게 다른 방식으로 말해보았으면 한다. 만약 당신이 배우자에게 더 지혜롭게 다가간다면, 2단계를 피할 수 있다고 생각한다.

- 우리는 당신이 이 일을 잘못 처리했고, 당신이 배우자에게 죄를 지었다고 생각한다. 우리가 당신의 배우자의 죄를 말하기 전에 당신의 죄부터 언급할 필요가 있다.

- 우리는 당신이 너무 빨리 2단계로 가고 있다고 생각한다. 당신의 배우자에게 당신의 진심을 들려주고 회개할 시간을 좀 더 주자.

- 또는 당신이 아직 검토해보지 않은 방법으로 당신의 결혼을 도울 수 있는 지혜를 가지고 있을지도 모른다.

성령님께 타이밍을 물어라

일단 1단계가 충족되어 2단계로 가야 한다는 데 동의한다면, 당신은 저항하는 배우자와 만날 시간을 정해야 한다. 배우자가 괴로워하지 않도록 두 명 이상은 데려가지 말라. 또한 먼저 기도와 중보에 자신을 드려라. 깨어짐과 약함, 엄청난 갈망 가운데 놓인 배우자를 위해 간절히 기도하라. 당신은 배우자를 몰아세우려는 것이 아니라 그를 사랑, 지혜, 순종, 회개까지 이끌기 위해 애쓰는 것이다. 그리고 당신도 자신이 저지른 모든 방식의 죄에 대해 스스로 회개할 준비를 하라.

두어 사람을 불러오겠다고 배우자의 허락을 구하는 것이 아니라 배우자에게 요구하는 것이다. 그들이 만났을 때 서로 얼마나 유쾌하거나 불쾌하게 여길지와 상관없이, 당신의 배우자에게 그들을 데려가야 한다. 이것은 배우자의 인격을 모독하는 것이 아니라 그리스도의 권위를 존중하는 것이다.

만일 당신의 배우자가 예수님의 신실한 제자라면, 그들은 그리스의 몸 된 지체로서 현명한 지도자의 호소를 받아들일 것이다. 그러나 현명한 지도자의 질책을 받기를 거부한다면, 그들의 마음은 굳어지기 시작하고 있을지도 모른다. 그러나 이때에도 우리의 희망은 2단계에서 배우자가 회개하는 것이다. 3단계는 최후의 수단이기 때문이다.

만약 배우자가 1단계에서 당신의 개인적인 요청을 듣지 않았다면, 문제를 2단계로 가져가기 전에 당신은 며칠 더 기다려주는 결정을 내릴 수도 있다. 성령님께 타이밍을 물어보라. 우리는 엄격히 3단계 공식을 따르려는 것이 아니라, 관계를 얻기 위해 노력하는 것이다. 긍휼은 심판을 이겨낸다(약 2:13). 하지만 긍휼을 베풀려 하는 우리의 욕구 때문에, 만회할 순간을 지체하거나 기회를 놓쳐버릴 수도 있다. 1단계에서는 반복해서 들어야 하지만, 2단계에서는 꾸물거려서는 안 된다. 예수님도 우리에게 회개할 기회를 주셨기 때문에, 우리 역시 인내하는 가운데 배우자의 죄를 견디는 시간을 갖는 것이다(계 2:21). 그러나 2단계에서는 정면으로 맞서야 하는 시간도 있다. 성령님은 우리의 때를 인도해주기 원하신다.

2단계가 적용되면 많은 상황이 역전되고, 치유를 향해 나아가게 된다. 그러나 한 개인의 마음이 죄로 굳어져 당신이 데려온 영적 리더의 증언조차 듣지 않는 경우도 드물지 않게 나타난다. 이러한 상황에서 무엇을 할 수 있을까? 예수님은 최종 상소의 기회를 제공해주신다. 3단계를 살펴보자.

3단계 : 교회에 말하라

교회에 문제를 가져가라

당신의 이야기를 교회에 말할 때, 당신은 교회에 당신과 당신의 배우자 사이의 문제에 대한 통합된 판단을 내려줄 것을 요구할 수 있다. 당신과 배우자의 호소에 대해 전체 회중의 동의를 구하는 방식으로, 교회는 당신과 배우자 앞에서 증인으로 설 수 있다. 교회라는 기관의 증인은 한두 명의 지도자들보다 더 큰 권위를 가진다. 교회의 증인은 어떠한 그리스도의 제자도 묵살할 수 없는 권위를 지닌다. 이 단계를 이행할 때 우리의 희망은 죄지은 배우자가 이 때라도 정신을 차리고, 교회의 증인에게 복종하고 회개하는 것이다. 마태복음 18장 17절에서 예수님이 하신 말씀을 상기해보자.

> 만일 그들의 말도 듣지 않거든 교회에 말하고 교회의 말
> 도 듣지 않거든 이방인과 세리와 같이 여기라 마 18:17

예수님께서 "교회에 말하라"고 말씀하셨을 때, 교회의 모든 사람 앞에 그 문제를 가져오라는 의미였을까? 그 대답은 어느 정도는 교회의 크기에 달려 있다. 만약 당신이 열명 남짓한 작은 교회에 다닌다면, 그 문제를 교회 전체로 가져가는 것을 상상할 수 있다. 그런데 당신이 천 명이 출석하는 큰 교회에 다니고 있다면, 당신은 그와 같은 방식으로 할 수 없을 것이다. 만약 당신이 가정교회보다 큰 교회에 다니고 있다면, 교회의 관리 기관으로 문제를 가져가는 것이 적절해 보인다. 그것은 목사, 장로, 집사의 모임, 혹은 어떤 그룹이든지 교회를 영적으로 감독하는 집단일 수 있다. 전체 성도들을 대신해서 판결을 내릴 수 있는 권한을 가진 집단에 당신의 문제를 가져가라.

교회 위원회의 판결을 받으라

마태복음 18장 18절은 다음과 같은 교회 위원회의 권위를 확인시켜준다.

> 진실로 너희에게 이르노니 무엇이든지 너희가 땅에서 매
> 면(금지하다, 부적절하고 불법적인 것이라고 선언하다)
> 하늘에서도 (이미) 매일 것이요 무엇이든지 땅에서 풀면
> (허락하다, 합법적이라고 선언하다) 하늘에서도 (이미)
> 풀리리라 마 18:18

더 상세한 진술을 덧붙인 성경은 교회의 감독 위원회가
이 땅에서의 금지나 허락을 판결할 수 있는 권한을 부여받
았다는 사실을 파악하는 데 유익하다. 하늘도 금지나 허
락에 대한 위원회의 결정을 지지한다.

당신이 교회 지도자들에게 당신의 이야기를 할 때, 만약
죄지은 당신의 배우자가 당신과 함께 가는 것을 꺼린다면,
그 이야기를 혼자 발표하라. 당신의 배우자가 회의에 당신
과 함께 있지 않더라도, 위원회에서는 현명한 판단 아래 그
들이 취할 행동 방침을 결정할 것이다. 교회는 죄지은 배우
자가 출석하지 않더라도 판결을 내릴 권한이 있다. 예를
들어, 바울은 에베소에 있는 동안 고린도교회의 범죄한 성
도들에 대한 징계를 결정했다(고전 5:3). 배우자가 죄악에
곤두박질쳐 있고, 교회 위원회에 당신과 함께 나오기를 꺼

린다면, 당신은 교회와 함께 3단계로 나아가야 한다.

죄를 지은 당신의 배우자가 교회 위원회의 판결을 받기를 꺼린다면, 예수님은 그를 "이방인과 세리와 같이 여기라"라고 말씀하셨다. 다시 말해, 그 즉시 그를 믿음을 깨뜨린 불신자로 간주해야 한다는 것이다. 이는 그가 더 이상 예수님의 제자의 길을 걷지 않으며, 그에게 다시 복음을 전할 필요가 있다는 것을 의미한다. 이런 판결의 결과는 이 책의 후반부에서 좀 더 분명히 밝혀질 것이다. 우리는 교회가 우리를 대신해서 판결을 내리는 것이 얼마나 중요한지 보게 될 것이다.

교회의 판단을 거부한 배우자를 대하는 관점

갈등과 문제가 있는 결혼생활에 대한 판단을 내리기 위해 교회 장로들을 소집하는 것은 매우 신성하고 진지한 일이다. 예수님은 교회 지도자들에게 영적인 권한을 부여하여 성령님이 주시는 마음에 따라 판단을 내리도록 하였다. 누군가를 '이교도와 같은' 존재로 선언한다면 그 목적은 그를 다시 강력히 구원하기 위해서다.

- 신앙을 잃어버린 배우자는 그가 회개하지 않는 한, 하나님의 약속을 받은 백성들 사이에서 자신의 지위를 잃게 된다는 것을 이해해야 한다. 그럴 때 하나님을 두려워하게 된다. 신자가 강퍅하고 거짓을 일삼을 때, 교회의 다스림을 두려워하는 마음은 그들의 각성에 도움이 될 수 있을 것이다.

- 죄를 지은 배우자가 교회의 판단을 거부할 경우 그들은 파괴적인 선택의 열매를 맛보기 위해 풀려나는 셈이다. 예를 들어, 죄를 범한 신자를 교회의 규율로 다스릴 때, 고린도교회는 그가 죄를 깨닫고 회개하기를 바라는 마음에서, 사탄에게 그의 육체를 내어준 것이다 (고전 5:5). 교회 장로들은 오늘날에도 이와 같은 권위를 지니고 있다.

- 예수님은 죄지은 배우자를 '이교도'와 같은 존재로 말씀하셨다. 본문에 나오는 '이방인'은 이교도로 동등하게 번역될 수 있다. 죄를 지은 배우자가 이교도와 같다고 판단된다는 것은 성실한 배우자에게 뚜렷한 안도감을 가져다준다. 무고하고 충실한 배우자는 더 이상 앞으로 나갈 길이 없어 보이는 불확실한 상황에 놓

인 꽉 막힌 상태가 아니다. 이제 그는 인생을 영위할 수 있다. 죄지은 배우자를 불신자로 여길 수 있다.

- 장로들은 요한복음 20장 23절의 정신으로 다음과 같이 말함으로써 충실한 배우자에게 확실한 도움을 줄 수 있다. "우리는 당신이 완벽하지 않다는 것을 알고 있으며, 당신이 결혼생활에서 실수를 저질렀다는 것도 알고 있다. 그러나 우리는 당신의 배우자가 죄의 길로 빠진 것이 당신의 잘못이 아니라는 것에 동의한다. 우리는 당신이 죄의 짐에서 벗어나기를 바란다. 당신의 죄는 용서받았다. 당신의 회개로, 우리는 하나님 앞에서 당신에게 무죄를 선언한다."

다시 말하지만, "그를 이방인이나 세리처럼 여기라"는 예수님의 진술은 죄를 지은 배우자가 지금 믿지 않는 사람으로 보인다는 것을 의미한다. 어떤 경우에는 교회 위원회가 모든 성도에게 이 사람을 불신자로 받아들이라고 말할 수도 있다. 두 가지 측면에서 그 목적을 이해할 수 있는데 첫째, 죄인이 그리스도에게 돌아올 수 있도록 모든 사람이 그 사람과 어떻게 관계를 맺어야 하는지 회중에게 알리는 목적에서, 둘째, 그 사람의 예를 따르지 않도록 회중에게 알리기 위해서다. 그렇게 함으로써 그들이 회중에게 끼칠 수 있는 해로운 영향을 제거하는 것이다. 이제 교회의 모든 사람은 그를 모범적인 신자로 보기보다는 다시금 복음 전도의 관점으로 바라볼 수 있다.

교회 리더십이 감당해야 할 성경적 역할

누군가 이렇게 질문할 수도 있겠다. "하지만 내가 다니는 교회가 우리의 사건에 대해 듣고 우리를 대신해서 판결 내리기를 꺼린다면요?" 교회가 누군가를 대신해서 판결 내리기를 거절할 만한 이유가 있을 것이다. 예를 들면 다음과 같다.

- 그들의 리더십 팀은 마태복음 18장 17절의 심판하는 기관의 기능을 발휘하지 못하고, 어떻게 시작해야 할지 전혀 알지 못한다. (나는 그들이 주님을 두려워하는 마음으로 그 상황에 대처할 의무가 있다고 믿기 때문에, 그렇게 하지 않는 것이 근거 없다고 여긴다.)
- 교회 리더십 팀 자체가 위기에 봉착해 있기 때문에 신

도들의 문제를 판단하는 것은 고사하고 그들 사이에
벌어진 문제조차 판단할 수 없을지도 모른다.

- 목사들과 지도자들은 당신이 1,2단계를 적절히 처리하
지 못했다고 느낄지도 모른다. 그래서 더 많은 지시 사
항과 함께 당신을 배우자에게 돌려보낼지도 모른다.
- 교회 지도자들이 이 책의 전제에 동의하지 않을 수 있
고, 따라서 마태복음 18장 15-17절을 당신의 결혼에
적용하는 것이 부적절하다고 생각할 수도 있다.

적어도 당신의 사건을 교회로 가져가서 마태복음 18장
을 따라 교회가 당신을 대신해 판결을 내려줄 것을 요청해
야 한다. 바라건대, 교회의 지도자들이 기꺼이 마태복음 18
장 17절에 있는 직무를 수행하고 당신의 사례를 신중히 고
려해주기를 바란다. 당신은 마태복음 18장 17절의 책임을
교회 성도들의 삶에서 실행할 준비가 되어 있는 생명력 있
는 교회의 구성원이 되고 싶어 할 것이다. 교회 위원회는 그
렇게 해주기를 요청하는 사람들의 간청을 거부해서는 안
된다. 그들은 그리스도 앞에서 성도들을 발전시키고 굳건
히 하며 성령으로 이끌어 올바른 판단을 내리게 할 책임이

있다.

주께서 신자가 믿지 않는 사람과 결혼하는 것을 금지하신 한 가지 이유는, 그런 결혼에서는 결혼을 교회의 권위에 위임할 근거가 없기 때문이다. 만약 당신이 교회 리더십을 찾아가 그들에게 당신의 사건을 판단해달라고 요청했을 때, 그들이 다음과 같이 말하더라도 놀라지 말라. "우리는 마태복음 18장 15-17절 말씀이 위기에 처한 부부들에게 해결책을 찾도록 도와주는 예수님의 방법이라고 생각해본 적이 없습니다. 우리가 그 본문을 연구해보고, 무엇을 해야 할지 생각해볼 시간이 필요합니다."

당신이 읽고 있는 이 책이, 스트레스를 받는 부부들의 삶을 위해 교회 지도자들이 감당해야 할 성경적 역할을 확인해주고, 예수님이 고안하신 항소의 방식을 신자들에게 알려주는 데 도움이 되길 바란다.

예수님의 말씀을 더욱 신뢰하라

교회 장로들이 결혼에 관한 판결을 내릴 때 불친절하거나, 편협하거나, 매정하거나, 무자비해서는 안 된다. 오히려 예수님께 진실하게 반응하고 결혼생활을 유지하기 위해 애쓰는 부부에게 친절하게 행동해야 한다.

교회 장로들이 당신의 사건을 잘 처리할 능력이 없을까 봐 걱정되는가? 여기에 내 대답이 있다. 교회 위원회의 전문성보다 예수님의 말씀을 더욱 신뢰하라. 교회 위원회를 고려할 가치가 없다고 생각하기보다 믿음으로 예수님께 순종할 때 더 좋은 결과를 낳을 것이다. 우리는 위원회의 집행 과정이 완벽하게 진행되리라고 생각하지 않기 때문이다. 당신의 교회 지도자들이 3단계의 모든 측면을 완벽하게 잘 다루지 못할 수도 있다. 그러나 우리가 예수님께 순종하는 것을 추구할 때, 그분은 우리가 순종을 주저하는 순간에도 우리를 존중해주시며, 우리를 대신해서 은혜롭게 일하신다.

누군가는 마태복음 18장의 3단계를 적용하면, 그들의 배우자가 교회를 떠나 다른 교회를 찾을 것이라고 걱정할지도 모른다. 물론 그럴 수도 있다. 그래도 믿음의 배우자라면 그 문제를 교회로 가져와야 한다. 신자들은 우리가 교회의 일원이 되었을 때, 우리의 삶을 교회 지도자들의 판단에 맡겨야 한다는 사실을 배워야만 한다.

가족의 일로 힘들어진다고 해서 우리가 가족을 바꾸지

는 않는다. 함께 문제를 해결한다. 우리는 교회를 떠나는 문제에 있어서 신중해야 한다. 교회가 하나님의 인도하심에 따라 우리의 삶에 징계 위원회의 역할을 실행하기 때문이다. 하나님은 우리가 교회의 판단을 무시할 때, 우리에게 책임을 물으신다(신 17:9-12). 내가 책임을 져야 하는 입장으로 예수님과 대면하느니, 차라리 이 문제로 교회 위원회와 마주하는 것이 낫다.

성도의 삶과 교회의 역할

예수님은 성도들의 삶 가운데 교회가 항상 그 중심 역할을 해야 한다고 말씀하셨다. 교회는 서로 교제하고 가르치고 떡을 떼고 기도하기 위해 존재하며, 교회와 모든 구성원의 건강을 돌보고 운영하는 기관으로 존재한다. 교회의 장로들은 정서적으로 단절된 채 고상한 자리에서 판결을 내리는 이혼 재판소와는 달라야 한다. 오히려 교회의 지도자들은 교회의 건강에 깊은 관심을 갖고, 모든 구성원을 깊이 배려해야 한다. 모든 과정은 예수 그리스도의 돌봄과 사랑으로 가득 차야 한다.

나는 여기서 제시된 견해가 어떤 사람들에게는 새로운

것이라는 것을 알고 있다. 따라서 나는 목사와 장로들의 손에 이 책이 닿기를 바란다. 나는 목사들이 성도들에게 이와 같은 진리를 가르치게 되리라는 소망 가운데 이 책을 쓰고 있다. 그리하여 크리스천 부부가 위기를 만나서 그 가정이 위기에 처했을 때, 그들이 꽉 막혔다고 느끼는 것이 아니라 기운이 나기를 바란다. 크리스천 부부는 자신의 배우자의 영적 안녕을 위해 싸우는 법, 그들의 결혼을 위협하는 죄와 부지런히 싸우는 법을 배워야 한다. 또한 결혼을 준비하는 젊은 커플들에게도 이와 같은 메시지를 담은 교육 과정을 포함시키기를 바란다.

죄지은 배우자와 충실한 배우자의 관계 변화

마태복음 18장 15-17절은 그동안 내가 크리스천 부부에게 조언하는 방식까지 변화시켰다. 어떤 신자가 나에게 자신의 배우자가 조언받거나 또는 교정받기를 꺼린다거나 회개하기를 거절한다고 말하면, 이제 나는 이 말씀으로 예수님의 지시하심을 숙고하도록 그들을 초대한다. 이것은 대부분 사람들이 알지 못하는 효과적인 방법이다.

교회 위원회가 죄를 지은 배우자를 불신자로 바라보라

는 결정을 내릴 때 이 결정은, 교회가 어떻게 그의 배우자와 관계를 맺을지에 대한 방식을 변화시킨다. 이제 교회는 그런 배우자들을 불신자로 여긴다. 그들의 존재는 공동체 모임에서는 환영을 받지만, 신자들만을 위한 성찬식에서는 배제될 것을 예상할 수 있다.

또한 이것은 믿는 배우자가 죄지은 배우자와 관계를 맺는 방식도 변화시킨다. 만약 죄를 지은 배우자가 기꺼이 결혼생활을 지속할 의사가 있다면, 이제 믿는 배우자는 죄지은 배우자를 불신자로 여기며 함께 살아야 한다. 그전에 두 사람 모두 신자였을 때, 성경은 그들에게 매일 피차 권면하도록(히 3:13) 독려했다. 그러나 이제 베드로전서 3장 1,2절 말씀이 충실한 배우자에게 다음과 같이 지시한다. 그리스도에 관한 것들에 침묵하면서 말이 아닌 행실로 배우자를 얻기 위해 애쓰라고 말이다(벧전 3:1,2). 다음의 메시지는 정확히 충실한 배우자에게 의미 있는 본문이다.

그 나머지 사람들에게 내가 말하노니 (이는 주의 명령이 아니라) 만일 어떤 형제에게 믿지 아니하는 아내가 있어 남편과 함께 살기를 좋아하거든 그를 버리지 말며 어떤 여자에게 믿지 아니하는 남편이 있어 아내와 함께 살기를 좋아하거든 그 남편을 버리지 말라 믿지 아니하는 남편이 아내로 말미암아 거룩하게 되고 믿지 아니하는 아내가 남편으로 말미암아 거룩하게 되나니 그렇지 아니하면 너희 자녀도 깨끗하지 못하니라 그러나 이제 거룩하니라 혹 믿지 아니하는 자가 갈리거든 갈리게 하라 형제나 자매나 이런 일에 구애될 것이 없느니라 그러나 하나님은 화평 중에서 너희를 부르셨느니라 아내 된 자여 네가 남편을 구원할는지 어찌 알 수 있으며 남편 된 자여 네가 네 아내를 구원할는지 어찌 알 수 있으리요 고전 7:12-16

이 구절이 함축하고 있는 의미는 매우 중요하다. 우리는 이 책의 뒷부분에서 이 본문을 더 자세히 검토할 것이다.

역사상 그 선례가 있었을까?

누군가는 교회사적으로 공동체의 규율이 작동했던 역사적 선례가 있는지 묻고 싶을 것이다. 내가 모를지라도 아마 그런 선례가 있을 것이다. 우리가 마태복음 18장을 최초로 알게 된 사람은 아닐 거라고 확신한다.

내 친구 새뮤얼 클로프(Samuel Clough)가 뉴잉글랜드
의 청교도들 사이에서 일어났던 사례를 내게 알려주었다.
한 여성이 3단계를 따라 그녀의 남편 제임스 매톡(James
Mattock)을 교회 지도자에게 데려왔다. 인터넷에 "청교도
제임스 매톡"이라고 검색하면 그의 이야기가 나올 것이다.
매톡은 교회 위원회의 판결을 거부했기 때문에 1640년, 그
가 출석하던 보스턴의 교회에서 결국 파문당했다.

1665년에도 유사한 사례가 있었다. 플리머스 식민지의
존 윌리엄스(John Williams)는 그의 아내 엘리자베스의 부
부 동거권을 거부한 혐의로 법정에 서게 되었다. 하지만 그
는 아내가 바람을 피웠다는 혐의를 제기했고, 그녀와의 이
혼을 원했다. 배심원단은 결국 엘리자베스의 손을 들어주
면서 그 비난이 거짓이며 존에게 그의 재산의 3분의 1을 엘
리자베스에게 주고 그녀의 생활비를 지불하도록 판결했다.

분명히 그 청교도들은 교회의 가르침을 실천했다. 나는
그런 이들이 비단 그들뿐이었을 거라고 생각하지 않는다.
나는 역사가는 아니지만 다른 예들이 존재하리라 확신한다.

이 책은 두 부류의 사람들을 향한 나의 호소이다. 첫째,

나는 문제가 많은 결혼생활로 곤경에 처한 신자들에게 호소한다. 마태복음 18장 15-17절에 제시된 예수님의 가르침을 따라 그들의 결혼생활에서 죄가 제거하여 그들의 가정이 치유되기를 바란다. 둘째, 교회 지도자들에게 호소한다. 교회 성도들이 찾을 때 그들에게 적절한 상소 기관이 되어주기를 바란다.

04

마태복음 18장의
3단계를
따라야 하는 이유

나는 몇몇 독자들이 결혼 갈등을 해결하기 위해 마태복음 18장의 3단계를 따르라는 견해에 대해 의구심을 가질 수 있다고 생각한다. 예를 들어, 몇몇 사람들은 다음과 같이 느낄 수 있다.

3단계를 따르라는 견해에 대한 반응

- 그런 방법들은 너무 급진적이다. 가정을 치유하기보다 가정에 피해를 줄 가능성이 높다.
- 이 단계들은 직면하기 싫어하는 기질과 성미를 가진 사람들과 지나치게 대립적이다.
- 몇몇 교회들은 이 방법을 실행하기 위해 애쓰는 부부를 도울 준비가 되어 있지 않거나 기꺼이 돕지 않는다.
- 이 견해는 낯설다. 그리고 우리를 주춤거리게 만든다.

만약 당신이 이 견해가 전적으로 낯설게 느껴져서 주춤거리게 된다면, 이 책에서 제시한 절차를 받아들일 수 있을 때까지 충분한 시간을 가져라. 그리고 분별함이 생길 때까지 이 책을 곁에 두고 끝까지 읽어라. 믿음은 결코 성급하게 결정을 내리는 것이 아니다(사 28:16).

어떤 타당한 의구심에도 대답할 만한 가치는 있다. 따라서 나는 우리가 이 방식을 진지하게 검토해야 할 6가지 이유를 제시해보려고 한다. 나는 어떠한 의구심에 대해서도 대답하기를 원하며, 마태복음 18장 15-17절에서 드러난 예수님의 지혜를 찬양하고 싶다. 다시 한번 본문 말씀을 상기해보자.

> 네 형제가 죄를 범하거든 가서 너와 그 사람과만 상대하여 권고하라 만일 들으면 네가 네 형제를 얻은 것이요 만일 듣지 않거든 한두 사람을 데리고 가서 두세 증인의 입으로 말마다 확증하게 하라 만일 그들의 말도 듣지 않거든 교회에 말하고 교회의 말도 듣지 않거든 이방인과 세리와 같이 여기라 마 18:15-17

다음은 신자와 교회가 예수님의 가르침을 따라야 하는 6가지 이유이다.

1. 순종

본문 말씀을 다시 살펴보면 예수님께서는 그분의 가르침을 어떤 제안이나 여러 선택 사항이 아닌 명령으로 주셨다는 것을 알게 될 것이다. 예수님은 신자들 사이에 죄가 곪아 터지거나, 죄가 무시되거나, 죄가 마치 시간이 충분히 흐르면 사라질 것처럼 여기지 않도록 하셨다. 예수님은 죄와 관련된 사건들이 신속하고 진지하게 다루어지기를 원하셨다. 그 관계가 화해로 귀결되기를 원하신 것이다.

만약 당신이 예수님의 제자이고, 형제가 당신에게 죄를 지었다면, 당신은 다른 선택의 여지없이 개인적으로 그를 찾아가서 그의 잘못을 말해줘야 한다. 만약 그렇게 하지 않는다면, 당신은 예수님의 명령을 무시하는 것이다.

만약 당신이 다른 신자가 저지른 죄 때문에 괴로워하고 있다면, 당신 혼자 상담 전문가를 찾아갈 것이 아니라 당신 안에 감정적인 풍파가 가라앉고 내적 평안을 얻을 수 있는 방법을 찾아라. 예수님의 방식으로 문제를 해결하려면, 당신에게 죄를 지은 그 사람을 찾아가야 한다.

예수님이 당신의 주님인가? 그렇다면 그분께 순종하라.

그분의 방식을 따르라. 우리가 직면하는 일들이 항상 쉽고 편안하지 않다는 것을 안다. 그러나 우리 주님은 순종하는 자를 찾고 계신다. 진정한 제자는 다음과 같은 예수님의 질문 앞에서 두려워 떤다.

> 너희는 나를 불러 주여 주여 하면서도 어찌하여 내가 말하는 것을 행하지 아니하느냐 눅 6:46

교회 위원회 역시 예수님의 말씀 앞에서 두려워 떨어야 하며, 크리스천 부부 사이에서 일어난 문제들을 판단하는 등 맡은 의무를 다해야 한다. 만약 당신의 교회가 당신의 요구를 거절한다면, 왜 어떤 방식으로든 묻지 않는가? 왜 당신을 지지하는 이 책의 메시지를 사용하지 않는가? 어쩌면 당신은 예수님께 순종하여 당신을 돕고자 하는 그들의 자발성에 놀랄지도 모른다. 왜 교회가 예수님께서 그들이 제공하도록 고안하신 영적인 보호와 은혜를 당신에게 공급하지 않겠는가?

직면하고 싶어 하지 않는 당신의 기질 때문에 마태복음 18장의 절차들을 건너뛰려 한다면, 당신은 지금 여기서 일어나고 있는 일을 오해하는 것이다. 첫째, 당신은 예수님에 대한 순종을 부끄럽게 하는 것이다. 둘째, 당신은 예수님이 주실 멋진 선물을 거절하는 것이다. 마태복음의 단계들은 예수님께서 당신을 영적으로 감싸 보호하기 위해 주신 것이다. 그러므로 당신은 혼자 태풍을 헤쳐나갈 필요는 없다.

예수님께서 마태복음 18장의 3단계를 주셨을 때, 예수님은 당신에게 짐을 지우는 것이 아니라 짐을 덜어주시려는 것이다. 결혼생활의 무거운 짐을 다른 사람과 나누어 지게 하시려는 것이다. 예수님은 당신이 그리스도의 몸 된 지체들과 당신의 짐을 함께 나누기 원하신다(갈 6:2). 게다가 예수님은 그 과정이 대립하게 되는 상황이라는 사실을 이해하고 계시기 때문에, 당신이 이 일을 완수할 수 있도록 필요한 은혜를 주신다. 그분이 명령하시는 것은 언제나 가능하다. 왜 이와 같은 은혜의 선물을 거부하는가?

당신이 천성적으로 대립적인 성향을 타고난 것은 아닐 것이다. 그러나 만약 당신이 예수님께 순종하고 그의 길을 따른다면, 그분은 당신의 순종을 인정해주실 것이다. 다시 말한다. 하나님은 순종을 기뻐하신다. 예수님께 순종하는 것은 언제나 가장 뛰어난 지혜다. 다시 말하면 불순종은 항상 부정적인 결과를 낳는다.

예수님께 순종함으로 마태복음 18장 15-17절을 당신의 배우자와 함께 실행하라.

2. 믿음

마태복음 18장 15-17절을 따르는 두 번째 이유는 우리가 예수님의 지혜를 믿기 때문이다. 참된 신앙은 "예수님 한 분만이 지혜로우시다"라는 사실을 믿는 것이다. 그분의 지혜는 우리의 지혜보다 뛰어나며 영원한 열매를 맺는다.

누군가 이렇게 반박할지도 모른다. "하지만 나는 마태복음 18장을 부부 갈등에 적용해서는 안 된다고 생각한다. 만약 결혼에서 마태복음 18장의 단계들을 따른다면, 당신의 결혼은 산산조각이 나거나 유지하기 어렵게 될 것이다." 확고한 마음에서 시작되었고 자연스러운 사고 과정에서 나온 이 주장이 나도 일리가 있다고 생각한다.

그러나 우리는 선택을 해야만 한다. 결혼생활의 위기를 해결하기 위해 나의 지혜를 따를 것인가, 아니면 예수님의 지혜를 따를 것인가? 나는 지혜가 부족하고 비도덕적이라는 사실을 알고 있다. 그리스도 안에서 참된 믿음이란 그분의 지혜가 순수하고, 풍성하고, 평화롭게 만든다는 것을 받아들이는 것이다.

예수님은 마태복음 18장을 말씀하신 분이다. 나는 그분이 서로의 의견 차이를 해소하기 위한 최고의 방법이 무엇인지 나보다 잘 알고 계신다는 것을 믿는다. 예수님에 대한 순종은 믿음에 근거한다. 믿음은 이렇게 말하는 것이다. "나는 어떻게 믿음이 우리의 결혼생활에 평안을 가져다줄지 모르지만, 나는 그분의 지혜를 믿어. 그분은 내가 모르는 것을 알고 계시기 때문에 내가 그분의 조언에 순종하는 거야."

어떤 사람들은 예수님의 조언을 따르지 않는다. 왜냐하면 그들은 어떠한 변화에도 절망감을 느끼기 때문이다. 다시 말해 그들에게 믿음이 고갈된 것이다. 그러므로 당신은 믿음 위에 자신을 세워야 한다(유 20). 다시 하나님께로 시선을 돌리고, 믿음의 선한 싸움을 싸우며, 당신의 가정을 치유하시는 하나님의 능력에 대한 신뢰를 회복하라.

우리가 그리스도의 말씀을 믿고 순종할 때, 강력한 일이 일어난다. 하나님이 개입하시는 것이다! (하나님은 믿음을 좋아하신다.) 그는 우리의 부족함을 채워주시며, 그의 힘을 쏟아내시며, 우리를 대신해서 깜짝 놀랄 만큼 대단한 일들을 행하신다.

하나님을 믿는다면, 당신의 충실한 배우자와 함께 마태복음 18장 15-17절을 따라 행하라.

3. 화평

마태복음 18장 15-17절을 따르는 또 다른 이유는 평화를 지키기 위해서다. 나는 예수님의 말씀이 생각난다.

> 화평하게 하는 자는 복이 있나니 그들이 하나님의 아들이 라 일컬음을 받을 것임이요 마 5:9

하나님은 화평케 하시는 분이다. 우리가 화평케 할 때, 우리는 하늘 아버지의 자녀로서 하늘 자녀의 유산을 보게 될 것이다. 결혼생활이 죄로 인해 힘들어질 때, 화평케 하는 자들은 그 가정에 화해와 평화를 가져올 목적으로 마태복음 18장 15-17절을 적용한다.

하나님은 우리의 가정을 그분의 '샬롬'으로 완성하기 원하신다. 샬롬(Shalom)은 평화(Peace)를 뜻하는 히브리어로 영어 단어가 가진 의미보다 훨씬 더 다채롭고 건강한 의미를 포함하는 단어다. 샬롬은 삶의 모든 측면에서의 평화와 번영을 나타낸다.

한 가정이 그리스도께 항복하면, 하나님의 샬롬이 온 가정에 임한다. 그러나 죄가 가정에 들어오면, 죄는 가정의 평화와 한바탕 전쟁을 치른다. '분노의 폭발'과 같은 죄들은, 가정의 평화를 쉽게 파괴한다. 그러나 우리가 죄를 고백하고 돌아서면, 성령님은 다시 우리 가정에 안식을 주시고, 가정 안에 그리스도의 샬롬을 회복시키신다.

만약 당신의 형제가 당신에게 죄를 지었다면, 그 관계를 다스리던 그리스도의 평강이 악화되었을 것이다. 당신이 형제와의 관계 속에서 누리던 평강은 분노, 원망, 의심, 좌절, 불안으로 대체되었을 것이다. 이 관계가 회복되기 위해서는 '샬롬'이 필요하다. 하나님의 나라는 오직 성령 안에서 누리는 의와 평강과 희락이기 때문이다(롬 14:17).

당신이 처음으로 배우자를 그의 죄에 직면하도록 할 때, 시작 단계에서 긴장이 폭발할 수 있고, 당신은 화평케 하는 자가 아닌 문제를 일으키는 사람으로 여겨질 수도 있다. 그러나 만약 당신이 예수님이 가르쳐주신 방법을 지속할 수 있다면, 당신의 결혼은 평화와 사랑으로 회복될 수 있는 가장 좋은 기회를 맞게 될 것이다. 예수님의 방식을 따르면 절대로 잘못될 수 없다.

고통 속에 침묵하며 배우자가 죄 가운데 고통받고 있는 것을 참는 것은 평화를 만드는 해결책이 아니다. 화평케 하는 자는 거리낌 없이 말한다. 나는 언젠가 《은혜가 이긴다》(Mercy Wins)의 저자 데일 앤더슨(Dale Anderson)이 "화평하게 하기 원한다면 당신은 분열의 전쟁을 치러야 한다"라고 말하는 것을 들은 적이 있다.

왜 평화로운 방법으로 담대히 말해야 할까? 만약 배우자가 당신의 말을 들으면 당신은 당신의 배우자를 얻게 될 것이다. 예수님께서 그렇게 말씀하셨기 때문이다. 그 관계는 평화롭게 다시 회복될 것이다.

만약 배우자가 당신의 말을 듣지 않으면, 그다음으로 당신이 할 수 있는 가장 평화로운 일은 한두 사람을 당신의 배우자에게 데리고 가는 것이다. 화를 내며 다그치거나 어린아이처럼 숨을 필요가 없다. 당신과 당신의 배우자 그리고 두 사람이 이룬 가정을 위해 기꺼이 싸워줄 한두 명의 사람들을 중인으로 조용히 데려가면 된다.

따라서 믿는 배우자와 함께 마태복음 18장 15-17절을 행해야 하는 세 번째 이유는, 그리스도의 샬롬으로 당신의 가정을 회복시키기 위해서다.

4. 보호

당신의 가정이 선한 영적 질서 안에 거한다면, 하나님의 천사가 둘러 진 쳐서 당신의 가정을 보호해줄 것이다(시 34:7). 가정은 자녀들을 위한 안식처가 되어주어야 한다. 그들이 학교에서, 직장에서, 친구들과의 관계에서 겪는 어려움으로부터 피난처가 되어주어야 한다. 마태복음 18장 15-17절을 따라야 하는 네 번째 이유는, 가정의 영적 방어선을 재정비하기 위해서다.

우리의 삶은 영적 전쟁으로 둘러싸여 있다. 사탄은 우리의 가족과 결혼생활에 대해 영구적인 전쟁을 선포했다. 하나님은 결혼을 위해 싸우시지만, 사탄은 그에 대항한다. 사탄은 끊임없이 기회를 노린다. 베드로는 이렇게 말했다.

> 근신하라 깨어라 너희 대적 마귀가 우는 사자 같이 두루
> 다니며 삼킬 자를 찾나니 벧전 5:8

영적 전쟁은 가짜가 아니다. 실재하는 전쟁이다. 부모 중 한 사람이 죄를 짓고 회개하지 않을 때, 가정의 영적 보호막은 위태로워진다. 어떻게 그런가? 어둠은 죄와 함께 몰려온다. 또한 어둠의 세력이 숨는 곳도 함께 찾아온다. 그러면 가정의 모든 구성원은 영적 공격에 취약해진다.

해결되지 않은 죄는 가족 구성원의 마음과 영혼에 더욱 악한 영향력을 발휘할 여지를 준다(엡 4:26,27). 사탄은 사람들 사이에 쓴 뿌리가 돋아나도록 곪아 터진 불만을 사용할 것이다(히 12:15). 부모는 가정의 문지기(보호자)다. 그렇기 때문에 사탄은 그 문을 틈타기 위해 기회를 엿본다.

사탄의 세력은 그들의 작전을 들키지 않으려고 노력한다. 그들이 아이들에게 영향을 끼칠 수 있는 여지를 발견했을 때, 그들은 모든 사람들이 "우리가 공격받고 있다!"라고 알아차릴 수 있는 방식으로 공격하지는 않는다. 그들은 발각되지 않으려고 한다. 부모 역시 일시적으로 그것을 깨닫지 못할지도 모른다. 그런데 더욱이 죄로 인해 가정의 우선

순위를 타협해버린다면, 사탄은 수많은 방법으로 우리를 위해 예비된 그리스도의 충만한 축복을 빼앗을 것이다. 우리는 몇 달이 지나도록 이런 사실조차 모를 것이다.

누군가는 이렇게 말할 것이다. "글쎄, 내 자식들은 다 커서 집을 떠났기 때문에, 우리의 이혼이 그들에게 별다른 영향을 주지는 않을 거야." 하지만 이것은 사실이 아니다. 자녀의 나이와 상관없이, 이혼은 자녀들과 가족들에게 상처를 준다.

마태복음 18장에 순종하여 죄를 직면하고, 죄를 자백하고 죄에서 떠나기로 선언할 때, 당신의 가정을 둘러 진을 친 천사들의 방어선이 복구될 것이다. 그럴 때 당신의 자녀들은 그리스도의 말씀과 뜻에 순종하는 삶을 사는 부모의 축복 아래서 다시 살아가게 될 것이다.

그러므로 당신의 가정을 둘러싼 천사의 방어선을 지켜내기 위해 믿음의 배우자와 함께 마태복음 18장 15-17절을 행하라.

5. 사랑

마태복음 18장 15-17절을 따라야 하는 또 다른 이유는 '사랑'을 위해서다. 배우자가 당신에게 죄를 지었으면, 그에게 가서 잘못을 지적하라. 그렇게 하는 것은 당신이 예수님과 그를 사랑하기 때문이다. 죄는 사랑을 깨트리며 계속해서 사랑을 파괴하는 원인이 된다. 당신은 배우자를 공격하는 것이 아니라 사랑을 추구하는 것이다.

당신이 배우자를 사랑한다면, 문제를 피하지 않고 정면 돌파할 것이다. 왜? 자백하지 않은 죄는 배우자에 대한 판단을 불러일으키기 때문이다. 비밀로 하거나 숨기거나 정당화시킨 죄는, 하나님의 심판의 날이 도래하기 전에 다 드러날 것이다. 그러나 하나님은 예수님께 죄를 고백하고, 예수님의 보혈로 씻어 정결하게 된 죄를 기억하지 않으신다 (사 43:25). 그것은 말씀 그대로 절대 죄를 저지르지 않은 것과 같다. 당신이 배우자를 사랑한다면, 아무런 변화 없이 죄악 된 행동을 계속하는데도 그것을 이의 없이 받아들여서는 안 된다. 사랑을 위해서 그렇게 해라.

만약 당신이 마태복음 18장을 따르는 용기로 배우자를

회개의 자리로 인도한다면 당신은 허다한 죄를 덮어주게 될 것이다(약 5:20). 이보다 더 사랑스럽고 존경스러운 일이 어디 있겠는가? 더욱이 당신은 연애 감정까지 되찾게 될 것이다.

마태복음 18장을 결혼생활에 적용한다고 해서 당신이 거만하거나 적대적인 사람이 되는 것은 아니다. 배우자에게 맞서는 것도 아니다. 도리어 배우자와 나란히 서서 함께 사랑을 추구하는 것이다. 한 사람이 옳고 다른 사람은 틀린 것이 아니라, 두 사람이 함께 사랑을 찾는 것이다. 따라서 그들은 서로의 결점을 주저 없이 고백하게 된다.

당신의 배우자에게 그를 얼마나 사랑하는지 보여주기 위해서 믿음의 배우자와 함께 마태복음 18장 15-17절을 따르라.

6. 유지

마태복음 18장 15-17절에 순종해야 하는 마지막 이유는, 이혼을 피하고 당신의 가정을 유지하기 위해서다. 나는 이것이 예수님의 충고를 따를 때 누리게 되는 가장 큰 유익이라고 생각한다. 우리가 예수님의 방식으로 갈등을 해결할 때, 우리의 용기가 우리의 결혼을 구할 수 있다. 용기는 좋은 것이다(신 31:6). 수동적인 태도는 가정에 치명적이지만, 용기는 가정을 구원한다. 예수님의 방식을 따른다고 해서 당신의 배우자가 반드시 그리스도의 지혜를 얻을 것이라는 보장은 없다. 그러나 결혼을 구해낼 수 있는 가장 좋은 기회를 얻게 될 것이다.

핵심은 이것이다. 나는 이혼을 방지하고 결혼을 지키기 위해 이 책을 썼다. 당신의 가정을 위해서, 그리고 모든 가정을 위해서 말이다. 나는 침몰하는 가정을 돌보고 있다. 그 주님의 열심이 내 영혼 안에도 있으며, 나는 당신의 건강한 가정과 결혼을 지키려 애쓰고 있다.

결혼은 지켜낼 가치가 있다. 결혼은 하나님께서 우리에게 주신 가장 신성한 제도임이 틀림없기 때문이다. 결혼은 시민 질서를 이루는 주요 구성 요소이자 사회의 연결고리다. 사탄이 가장 큰 총구를 겨누어 결혼에 반대하는 것도 놀라운 일이 아니다. 결혼은 신성하고 거룩하며 가치 있다. 또 복음을 잘 받아들이는 사회를 만들어내는 생명력이 있기 때문이다.

어떤 사람들은 결혼이 사라질 거라고 생각하지만, 그들은 틀렸다. 예수님도 결혼 제도를 보호하셨고, 주님이 다시 오시는 날까지도 사람들이 여전히 장가가고 시집가게 될 것이라고 확실히 말씀하셨다(눅 17:26-30). 모든 배우자는 그들의 결혼생활의 생존 가능성을 유지하기 위해 매우 치열하게 노력해야 한다. 결혼을 파괴하는 죄를 끊임없이 경계함으로써 결혼을 유지해야 한다.

우리는 이혼을 싫어한다. 왜냐하면 하나님께서 이혼을 싫어하시기 때문이다. 하나님은 말라기서 2장에서 이렇게 말씀하셨다.

> 너희가 이런 일도 행하나니 곧 눈물과 울음과 탄식으로 여호와의 제단을 가리게 하는도다 그러므로 여호와께서 다시는 너희의 봉헌물을 돌아보지도 아니하시며 그것을 너희 손에서 기꺼이 받지도 아니하시거늘 너희는 이르기를 어찌 됨이니이까 하는도다 이는 너와 네가 어려서 맞이한 아내 사이에 여호와께서 증인이 되시기 때문이라 그는 네 짝이요 너와 서약한 아내로되 네가 그에게 거짓을 행하였도다 그에게는 영이 충만하였으나 오직 하나를 만

들지 아니하셨느냐 어찌하여 하나만 만드셨느냐 이는 경
건한 자손을 얻고자 하심이라 그러므로 네 심령을 삼가
지켜 어려서 맞이한 아내에게 거짓을 행하지 말지니라 이
스라엘의 하나님 여호와가 이르노니 나는 이혼하는 것과
옷으로 학대를 가리는 자를 미워하노라 만군의 여호와의
말이니라 그러므로 너희 심령을 삼가 지켜 거짓을 행하지
말지니라 말 2:13-16

경건한 자손을 위하여 이혼을 미워하시는 하나님

하나님은 왜 이혼을 싫어하실까? 하나님은 15절에서 그 이
유를 밝히셨다. 그 이유는 매우 중요하다. 하나님은 경건
한 자손(godly offspring)을 찾으신다. 하나님께는 자녀
가 최우선이다. 안정적인 크리스천 가정이야말로 아이들이
경건하고 거룩하게 자랄 수 있는 최고의 환경을 제공한다.
반면에 이혼은 폭력 행위(16절)이다. 이는 하나님이 하나
로 합쳐 놓으신 것을 찢어 놓기 때문이다(원자폭탄의 원자가
쪼개지는 것처럼). 부모의 이혼은 자녀들에게 끔찍한 재앙이

다. 하나님은 이혼을 싫어하신다. 그것이 바로 하나님께서 결혼이 유지되도록 하는 데 그토록 열성적이신 이유다. 다시 한번 반복한다. 하나님은 경건한 자손을 찾으신다.

누군가는 반박할 것이다. "그러나 우리가 이혼했기 때문에, 우리 가정에 더 많은 평화가 있다"고 말이다. 그런데 나는 이렇게 대답하고 싶다. 아이들의 10년 후를 확인해보자. 10년 후, 자녀들의 삶 가운데 당신의 결혼이 보여준 폭력적인 분리의 여파를 보게 되지 않는가?

우리 아이들이 안정적인 양육 환경에서 자란다면, 그들은 우리가 알고 있는 것보다 훨씬 더 높은 고지에 오를 수 있다. 우리의 최고 정점이 그들의 무대가 되는 것이다.

말라기서 2장의 하나님의 관심은 당신이 결혼을 통해 성취하거나 자기실현 하는 것이 아니라는 점을 주목하라. 그분은 당신의 행복이 아니라 자녀들의 행복을 추구하신다. 하나님께서 이토록 결혼과 이혼에 관해 열정적이시기 때문에 우리 또한 그렇게 해야 한다.

배우자의 불륜이나 이혼 요구에 대하여

결혼에서 가장 흔한 죄 중에 하나는 부부가 서로의 차이를 극복하기 위해 노력하는 동안, 배우자 한 명이 이혼하겠다고 위협하는 것이다. 이혼을 언급하는 것조차 죄다. 이혼으로 배우자를 협박하는 것은 고린도전서 7장 10절을 위반하는 것이다. 그것은 죄다. 이 구절의 말씀은 크리스천 부부에게 절대로 헤어지거나 이혼하지 말라고 명령한다.

나 역시 분명히 말하고 싶다. 만약 당신의 배우자가 당신과 이혼하겠다고 위협하거나 이혼 가능성을 내비치기까지 한다면, 참지 말라. 마태복음 18장 15절에 따라 배우자에게 즉시 맞서라. 배우자가 이혼에 대한 생각을 계속 품고 있다면, 지체하지 말고 2단계(16절)로 가져가라. 한두 명의 지도자를 배우자에게 데려가라. 이혼 서류를 내밀 때까지 기다리지 말라. 결혼을 구할 수 있을 때 당장 움직여라.

만약 당신이 침묵하는 죄를 저지르고, 2단계로 나아가는 방식으로 배우자와 맞서지 않는다면, 시간이 지나면서 그 배우자의 마음이 더욱 굳어져 그리스도의 요구에 순종하기 어려워지는 때가 올 것이다. 만약 마태복음 18장에 제시된 예수님의 말씀을 따랐다면, 이혼으로 끝나버린 많은 기독교 가정을 구할 수 있었을 것이다. 우리는 부부의 문제와 결혼생활의 위기에서 예수님께 순종하는 것에 실패했다.

만약 당신의 배우자가 불륜을 저지르고 있거나, 다른 사람과의 연애에 빠져 있다는 것을 알게 된다면? 마태복음 18장 15-17절의 단계들을 즉시 실행하라. 왜? 그리스도 안에서 형제자매(당신의 배우자)가 당신에게 죄를 지었기 때문이다.

만약 당신의 배우자가 바람을 피웠고, 당신이 직접 그들을 찾아갔을 때 그 경우에 듣게 되는 해명은 단지 잘못을 인정하거나 용서를 구하는 것 그 이상의 의미를 갖는다. 그때 배우자의 해명에는 가정을 다시 세우기 위해 당신과 함께 상담 전문가를 찾아가려는 의지가 포함되어 있어야 한다.

당신의 결혼은 끔찍한 타격을 입었고, 두 사람 모두 훼손된 가정의 토대를 회복하기 위해 반드시 적절한 도움을 받아야 한다. 만약 배우자가 필요로 하는 도움을 받기를 거절한다면, 배우자는 여전히 당신의 말을 듣지 않고 계속해서 당신에게 죄를 짓는 것이다. 그러니 2단계로 나아가라.

우리에게는 꿈이 있다. 남편의 보살핌과 사랑을 받아 얼굴이 빛나는 아내, 일터와 가정에서 진실함으로 존경받는 남편, 건강한 가정에서 올바로 세워지는 아이들, 그 후손에게 영광스러운 유산을 물려주는 조부모들. 이것은 진정으로 맞서 싸울 가치가 있는 꿈이다.

3단계를 따르는 순서

당신의 결혼을 구하기 위해 신실한 배우자와 함께 마태복음 18장 15-17절의 3단계를 다음과 같은 순서로 따르는 것이다.

1. 예수님의 명령에 순종하라.
2. 믿음으로 예수님께 맡겨라. 그가 당신의 가정을 위해 싸워주실 것이다.
3. 당신의 가정에 그리스도의 샬롬을 회복하라.
4. 당신의 가족을 영적 공격으로부터 보호하라.
5. 배우자를 향한 당신의 사랑을 보여줘라.
6. 이혼을 피하고 당신의 가정을 유지하라.

05

이혼과 재혼에 관한
예수님의
가르침

이번 장에서는 앞서 살펴본 마태복음 18장 15-17절 말씀이 가정과 결혼을 구해낼 뿐만 아니라 이혼이나 재혼, 간음과 같은 주제에도 상당히 중요하다는 점을 살펴볼 것이다.

간음과 이혼에 대한 예수님의 경고

시작하기 전에 당신은 예수님이 결혼을 얼마나 지키려고 애쓰셨는지, 그리고 건강한 가정을 위협하는 것이 무엇이든 그것을 얼마나 열정적으로 비난하셨는지를 알았을 것이다. 일관되고 강경한 예수님의 간음과 이혼에 대한 경고는 우리를 떨게 할 것이다. 예수님이 음행을 결코 가볍게 여기지 않으셨기 때문에 우리도 그렇게 해야 한다. 십자가의 사랑으로 승리한 제자들은 육체를 십자가에 못 박아(갈 5:24), 혼신의 힘을 다해 간음과 이혼을 피해야 할 것이다. 예수님을 기쁘시게 하려는 열정이 이 모든 것의 이유가 된다.

우리는 이혼과 재혼이 세상 사람들과 비슷할 정도로 흔해진 교회의 문화 속에서 살고 있다. 일부 성경 교사들조차 예수님의 뜻을 그분이 실제로 말씀하신 것과 다르게 가르치는 방법을 찾는다. 그러나 우리가 우리의 주인 되신 예수님께 충성하고 그분의 권위 앞에 떤다면, 우리는 예수님의 말씀을 있는 그대로 따라야 한다. 다음은 예수님께서 이혼, 재혼, 간음에 대한 견해를 밝히신 중요한 말씀이다.

또 일렀으되 누구든지 아내를 버리려거든 이혼 증서를 줄 것이라 하였으나 나는 너희에게 이르노니 누구든지 음행한 이유 없이 아내를 버리면 이는 그로 간음하게 함이요 또 누구든지 버림받은 여자에게 장가드는 자도 간음함이니라 마 5:31,32

그러나 율법의 한 획이 떨어짐보다 천지가 없어짐이 쉬우리라 무릇 자기 아내를 버리고 다른 데 장가드는 자도 간음함이요 무릇 버림당한 여자에게 장가드는 자도 간음함이니라 눅 16:17,18

바리새인들이 예수께 나아와 그를 시험하여 이르되 사람이 어떤 이유가 있으면 그 아내를 버리는 것이 옳으니이까 예수께서 대답하여 이르시되 사람을 지으신 이가 본래 그들을 남자와 여자로 지으시고 말씀하시기를 그러므로 사람이 그 부모를 떠나서 아내에게 합하여 그 둘이 한 몸이 될지니라 하신 것을 읽지 못하였느냐 그런즉 이제 둘이 아니요 한 몸이니 그러므로 하나님이 짝지어 주신 것을 사람이 나누지 못 할지니라 하시니 여짜오되 그러면 어찌하여 모세는 이혼 증서를 주어서 버리라 명하였나이까 예수께서 이르시되 모세가 너희 마음의 완악함 때문에 아내 버림을 허락하였거니와 본래는 그렇지 아니하니라 내가 너희에게 말하노니 누구든지 음행한 이유 외에 아내를 버리고 다른 데 장가드는 자는 간음함이니라 제자들이 이르되 만일 사람이 아내에게 이같이 할진대 장가들지 않는 것이 좋겠나이다 마 19:3-10

이 마태복음 19장의 가르침을 듣고 나서, 제자들은 다음 날 예수님께 다시 물었다. 그들의 은밀한 대화가 마가복음에 기록되어 있다.

> 집에서 제자들이 다시 이 일을 물으니 이르시되 누구든지
> 그 아내를 버리고 다른 데에 장가드는 자는 본처에게 간
> 음을 행함이요 또 아내가 남편을 버리고 다른 데로 시집
> 가면 간음을 행함이니라 막 10:10-12

이 주제에 대한 예수님의 말씀은 매우 강력하다. 너무나
강력해서 사실 제자들이 이렇게 응답했다.

> 만일 사람이 아내에게 이같이 할진대 장가들지 않는 것이
> 좋겠나이다 마 19:10

이혼과 재혼에 관한 예수님의 가르침

예수님이 이토록 강하게 말씀하신 이유는, 우리가 예수님의
기준과 타협하려는 유혹을 받고 있다는 사실을 아셨기 때
문이다. 이 주제에 관한 예수님의 가르침의 핵심적인 요소
는 다음과 같다.

1. 이혼하고 나서 다른 사람과 재혼하는 배우자는 간음

하는 것이다. 이것이 예수님의 전면적인 주장이다. 예수님의 관점에서 볼 때 이혼과 재혼은 사실상 그 결혼을 통해 적어도 한 명의 배우자에 의한 간음이 매번 포함된다. (재혼에 있어서 배우자가 간음죄에 대해 결백할 것 같지만, 사실은 아니다. 나중에 논의하겠지만, 두 사람 모두 실제로 결백할 수 없다.)

2. 이혼이 허용되는 유일한 예외가 배우자의 성적 부도덕이다. 성적 부도덕의 문제에 이혼이 필수적인 것은 아니지만, 이혼이 허용된다.

예수님께 성적 부도덕이라는 말은 무슨 뜻이었을까? 성경적 증언에 따르면, 성적인 부도덕은 일부일처제, 이성애 결혼 이외에 모든 종류의 성행위를 가리킨다. 이 용어는 간통, 수간, 소아성애, 강간, 동성애, 성매매 등을 포함한다. 예수님은 왜 성적인 부도덕의 경우 이혼을 허락하셨는가? 왜냐하면 이런 부도덕의 표출이 가정을 파괴하고, 결혼의 언약을 깨뜨릴 정도로 치명적이어서 서로를 신뢰할 수 있는 아무런 근거도 남기지 않기 때문이다.

어쨌든 성적인 부도덕에 이혼이 필수가 아니라는 사실

을 강조하는 것은 적절하다. 나는 예수님이 죄지은 배우자가 회개하기를, 순결한 배우자가 용서하기를, 그리고 결혼이 온전히 유지되기를 원하신다고 확신한다. 용서와 치유는 언제나 우리의 첫 번째 갈망이 되어야 한다. 우리가 몰래 빠져나오고 싶었던 관계에서 빨리 벗어나기 위한 명분으로 우리의 실패를 이용하기보다는 말이다. 예수님께서 우리가 그분 외에 다른 것에 마음이 빼앗겼을 때에도 우리와 곧바로 이혼하지 않으심에 감사한다. 그분은 우리의 마음을 돌리려 애쓰신다. 마찬가지로 우리 또한 이혼하는 것을 늦추고, 불성실한 배우자가 회개하고 돌아왔을 때 용서할 준비를 해야 한다.

3. 이혼을 원하지 않았지만, 이혼을 막을 수 없었던 배우자는 독신으로 남거나 그 배우자와 재결합해야 한다(성적인 부도덕이 포함되어 있지 않은 경우에 해당한다). 그들은 다른 사람과 재혼하지 않도록 해야 한다. 무고한 배우자가 강제로 이혼을 당한 후 다른 사람과 재혼하면 그들 역시 간음을 저지르는 것이며, 그들과 결혼한 사람 역시 간음을 저지르는 것이다.

무고한 배우자의 상황에 대한 예수님의 이해

예수님에게 있어서 이혼한 사람이 간음을 피할 수 있는 유일한 방법은 독신으로 남는 것뿐이었다. 많은 사람이 예수님의 입장을 이해하려고 애쓴다. 그 노력을 보여주기 위해 예를 들어보겠다.

한 남자가 그리스도에 대한 순종을 거부하고 그의 아내와 강제로 이혼한 다음 다른 사람과 재혼했다고 가정해보자. 예수님께서 죄를 지은 그 남편에게 "재혼할 때 간음하게 된다"라고 말씀하시는 바는 이해할 수 있다. 그렇다면 이혼을 원하지 않았지만 자신의 의사에 반하여 강제로 이혼을 당한 무고한 배우자는 어떻게 되는가? (여기에서 무고하다는 것은 이혼을 원하지 않았다는 것을 의미한다.) 만약 전남편이 이혼하고 재혼한 후에 무고한 아내도 재혼한다면? 그녀 역시 예수님의 말씀대로 간음한 것일까? 이것이 합리적인가? 만약 그렇다면 왜 그런가?

표면적으로는 무고한 배우자에게 그 상황이 가혹하고 융통성이 없는 것처럼 보인다. 예수님이 은혜와 진리로 충만하신 분이라면(요 1:14), 왜 이혼할 때 죄 없는 편에게 은혜를 베풀지 않으셨을까? 일관성 없는 은혜인가? 무고한 배우자가 꼼짝없이 갇혀 있어야 하는가?

만약 우리가 예수님을 무자비한 분이라고 생각한다면, 우리가 무엇을 놓쳤는지 더 깊이 연구해보아야 한다. 예수님의 모든 명령은 백성들에 대한 깊은 사랑에서 흘러나온 것이기 때문이다(신 33:2,3). 무고한 배우자에게 융통성이 없어 보이는 예수님에 대한 의구심이, 사실은 이 책의 핵심 메시지다. 그러니 그 지점으로 돌아가자.

예수님의 말씀만 따로 떼어놓고 보면, 무고한 배우자는 꽉 막히고 답답한 상황에 놓인 것이다. 간음을 저지르지 않았는데 또 두 번 다시 결혼의 기쁨을 누릴 수도 없다. 이 주제에 대한 예수님의 말씀은 극히 드물다. 예수님은 독특한 상황에 관한 모든 질문을 다루지는 않으신다. 감사하게도, 사도 바울이 이 주제를 둘러싼 몇 가지 사례를 다루며 미묘한 차이를 설명했다. 우리는 다음 장에서 그것을 살펴볼 것이다.

결혼과 이혼과 재혼에 대한 고찰

예수님께서 이혼과 재혼에 대해 언급하신 말씀을 고려할 때, 현재 우리는 다음과 같은 몇 가지 일반적인 고찰을 할 수 있다.

1. 예수님은 감탄할 정도의 고상한 언어로 결혼에 관해 말씀하셨다(마 19:3-12). 결혼은 단지 한 남자와 한 여자가 함께하는 것 그 이상이다. 하나님 자신의 행위에 의한 두 사람의 신성한 결합이다. 결혼은 신성한 제도이자 가족의 기반이다. 예수님보다 더 위대한 결혼 옹호론자는 없다.

2. 예수님은 평생의 결혼을 명하셨다. 죽음 외에 결혼을 끝낼 정당한 근거는 없다. 성적인 부도덕이 이혼의 근거가 될 수도 있지만, 그러나 이혼은 불법 행위다.

3. 예수님은 아무도 부부를 나눌 수 없다고 말씀하신다. 부부 자체도 그럴 수 없다. 누구든지 그렇게 하는 사람은 하나님의 뜻을 정면으로 반대하는 것이다.

4. 예수님은 제자들에게 절대로 이혼하는 일이 벌어지지 않도록 요구하셨다. 그러나 만약 이혼하게 되었다면 그는 다른 사람과 재혼해서는 안 된다. 그렇게 하면 그것은 간음이다. 그들이 부부였을 동안, 죄를 지은 배우자가 성적인 부도덕을 저지른 상황에 있는 무고한 배우자의 경우는 예외다.

5. 사람들이 이 땅에서 이혼할 때, 우리는 하늘에서도 그 이혼을 승인한다고 추정해서는 안 된다. 예수님도 그렇지 않다고 말씀하셨다. 예수님은 재혼을 간음으로 간주하셨다. 이혼한 경우라도 하나님 앞에서는 원래 배우자와 여전히 결혼 관계에 있으므로, 다른 사람의 결혼 파트너가 될 수는 없다. 다른 식으로 말하면, 하나님의 관점에서 이혼한 부부는 여전히 서로에게 묶여 있다.

6. 이혼 후 다른 사람과 재혼하지 않은 부부가 다시 합치는 것은 가능하다. 실제로 재결합은 영광스러운 화해가 될 것이다.

이혼을 원하지 않는 충실한 배우자의 경우에는?

이 주제에 대한 예수님의 가르침 중에 가장 어려운 점은 예수님께서 이혼과 관련해서 무고한 배우자를 다루시는 방식이다. 우리는 아무도 죄에 대해 전적으로 결백하다고 생각하지 않는다. 결혼생활에도 항상 두 가지의 서로 다른 이야기가 있다. 그러니 무고하다고(innocent) 해서 죄가 없다는(sinless) 뜻은 아니다.

그러나 때때로 이혼의 과정에서, 하나님 앞에 진실하게 살아가며 이혼을 원하지 않는 배우자도 있다. 그리고 그는 떠나겠다고 단단히 결심한 배우자의 희생자가 된다. 예수님은 배우자의 성적 부도덕으로 이혼한 것이 아니라면, 무고한 배우자라도 절대로 재혼하지 말라고 말씀하셨다. 그는 무고한 배우자를 꼼짝 못하게 가두고 떠나버렸다. 그들은 재혼할 수 없다.

예수님의 입장을 다른 방식으로 표현해보자. 만약 당신의 배우자가 간음을 저지르고 당신과 이혼하면, 당신은 자유롭게 재혼할 수 있다. (간음죄의 부담은 전적으로 당신에게 죄를 지은 배우자에게 있다.) 그러나 배우자가 성적 부도덕이 아닌 다른 이유로 당신과 이혼한 경우라면, 당신은 자유롭게 재혼할 수 없다. 심지어 당신의 이전 배우자가 다른 누군가와 재혼을 하거나, 당신과 이혼한 후에 간음을 저지른다고 해도 마찬가지다.

우리가 예수님의 엄격한 말씀을 붙들고 씨름할 때, 바울이 우리를 도와줄 것이다. 어떻게? 부부 중 한 명의 배우자가 불신자인 상황을 구분함으로써 말이다. 바울은 예수님이 결혼에 대해 말씀하실 때, 부부가 둘 다 신자임을 전제하셨다는 것을 볼 수 있게 해준다. 예수님은 불신자에 의해 강제로 이혼을 당하는 시나리오는 아예 다루지 않으셨다. 바울 역시 예수님과 같은 관점을 취한다. 그의 통찰력은 앞의 단락에서 확실히 구분되어야 하는 점에 대해 명확히 한다. 자, 이제 이 주제에 대한 바울의 가르침을 살펴보자.

06

이혼과 재혼에 관한 바울의 가르침

바울은 결혼 위기, 별거, 이혼, 재혼에 관한 주제를 다룰 때, 다음과 같이 두 가지 범주로 나누어서 설명했다.

1. 배우자 두 사람 모두 크리스천인 결혼 (고전 7:10,11)
2. 배우자 한 명만 크리스천인 결혼 (고전 7:12-16)

우선, 배우자가 모두 크리스천인 결혼에 대한 바울의 말을 살펴보자.

> 결혼한 자들에게 내가 명하노니 (명하는 자는 내가 아니요 주시라) 여자는 남편에게서 갈라서지 말고 (만일 갈라섰으면 그대로 지내든지 다시 그 남편과 화합하든지 하라) 남편도 아내를 버리지 말라 고전 7:10,11

크리스천 부부는 갈라설 수 없다

"내가 명하노니 명하는 자는 내가 아니요 주시라"고 바울이 말할 때, 그의 의도는 무엇이었을까? 바울이 크리스천 부부에게 명령하는 바가 예수님께서 이미 공생애 동안 가르쳐주신 내용의 반복이라는 뜻이다.

바울은 믿는 아내는 믿는 남편과 갈라서면 안 된다는 예수님의 가르침을 더 분명히 했다. 기독교 가정에서 별거와 이혼은 절대로 일어나서는 안 된다. 두 사람 모두 예수님의 제자라면, 그들은 예수 그리스도의 이름과 그분의 보혈로 성경과 성령 안에 거하며, 살처럼 부드러운 마음을 가져야 한다. 다시 말해, 그들은 가정과 부부 관계에서 그리스도의 평강을 누릴 수 있는 모든 것을 이미 받은 것이다(벧후 1:3). 따라서 크리스천 부부가 갈라서는 것은 죄다.

바울은 계속해서 말한다. "만일 갈라섰으면 그대로 지내든지 다시 그 남편과 화합하든지 하라." 갈라서는 것은 옳지 않다. 그것은 죄다. 그러나 어쩔 수 없이 갈라서는 경우가 있다. 바울은 경험과 지식이 부족한 사람이 아니었다. 그는 온갖 이유로 크리스천 부부가 갈라설 수 있다는 사실을 알았다. 그럼에도 그것은 잘못되었다고 말한 것이다.

바울은 크리스천 부부가 서로 갈라서게 되어 죄를 짓게 된다면, 그들에게 두 가지 선택권이 있다고 말했다. 그들은 이혼한 후 독신으로 남거나 다시 그 배우자와 화합해야 한다(고전 7:11). 그들에게 세 번째 선택권은 없었다. 이혼한 후 다른 사람과 재혼하는 것을 선택할 수는 없다. 만약 배우자 한 사람이 다른 누군가와 재혼을 한다면, 그것은 간음이 되는 것이다.

예수님도 이미 같은 내용을 가르치셨다. 바울은 예수님의 가르침에 동의한 것이다. 바울은 이혼한 부부가 다른 사람과 재혼하는 것으로 죄에 죄를 더하는 것을 원치 않았다. 이혼은 충분한 죄다. 성경이 금하고 있는 재혼으로 죄를 더하지 말라.

이혼을 고려하고 있는 크리스천 부부는 예수님을 두려워하는 마음으로 고린도전서 7장 10,11절의 말씀을 진지하게 받아들여야 한다. 그들은 다른 사람과 재혼하는 것이 하나님 앞에서 절대로 허용되지 않는다는 사실을 인식해야 한다. (앞서 설명한 성적 부도덕이 포함되는 경우는 예외다.) 그들은 홀로 남거나 이혼한 배우자와 다시 결합해야 한다. 하나님 앞에서 다른 누구와 재혼하는 것이 불가능하다는 것을 인식한다면, 그들은 더욱 화해하기 위해 애쓸 것이다. 하나님은 화합을 사랑하신다.

한 사람의 배우자만 믿는 경우

다음으로 바울은 한 사람의 배우자만 믿는 경우에 대해 설명한다.

> 그 나머지 사람들에게 내가 말하노니 (이는 주의 명령이 아니라) 만일 어떤 형제에게 믿지 아니하는 아내가 있어 남편과 함께 살기를 좋아하거든 그를 버리지 말며 어떤 여자에게 믿지 아니하는 남편이 있어 아내와 함께 살기를 좋아하거든 그 남편을 버리지 말라 믿지 아니하는 남편이 아내로 말미암아 거룩하게 되고 믿지 아니하는 아내가 남편으로 말미암아 거룩하게 되나니 그렇지 아니하면 너희 자녀도 깨끗하지 못하니라 그러나 이제 거룩하니라 혹 믿지 아니하는 자가 갈리거든 갈리게 하라 형제나 자매나 이런 일에 구애될 것이 없느니라 그러나 하나님은 화평 중에서 너희를 부르셨느니라 아내 된 자여 네가 남편을 구원할는지 어찌 알 수 있으며 남편 된 자여 네가 네 아내를 구원할는지 어찌 알 수 있으리요 고전 7:12-16

우선 바울의 기록을 살펴보자. "그 나머지 사람들에게 내가 말하노니 (이는 주의 명령이 아니라)." 바울이 이렇게 말한 이유가 무엇일까? 성령님께 영감을 받은 말씀이 아니라는 뜻인가? 아니다. 한 사람의 배우자만 믿는 경우는 예수님께서 공생애 기간에 하신 말씀이 아니라는 뜻이다. 예수님은 오직 크리스천 부부에 대해서만 말씀하셨다. 지금 바울은 예수님이 다루지 않은 상황에 대해 진술하려는 것이다.

그의 첫 번째 요점은 다음과 같다. 만약 당신이 결혼을 유지할 의지가 있는 불신자와 결혼했다면, 그 불신자와 이혼하면 안 된다. 믿는 배우자는 가정 안에서 믿지 않는 배우자, 특히 자녀들에게 영적인 능력을 발휘한다. 바울이 믿지 않는 남편이 믿는 아내로 인해 거룩해질 것이라고 말한 것은 순결한 배우자가 순결하지 않은 배우자를 정결케 할 수 있다는 의미다.

믿는 배우자는 믿지 않는 배우자와 결혼한 것으로 더럽혀지지 않는다. 오히려 그 반대다. 믿지 않는 배우자가 믿는 배우자와 결혼했기 때문에 삶이 향상되고, 정결하게 되고, 영적인 공격으로부터 보호를 받는다. 믿는 배우자에게 임한 은혜가 가족 모두에게 퍼져나가 그들의 마음을 감동시키며 자녀들을 거룩하게 만든다.

　나는 여기서 하나님의 약속을 목격한다. 믿는 배우자는 믿지 않는 배우자보다 자녀들에게 더 큰 영향력을 끼칠 수 있기를 주님께 구할 수 있다. 그러므로 믿는 배우자는 결혼을 유지해야 한다.

믿지 않는 배우자가 이혼을 원할 경우

15절에서 바울은 새로운 정보를 제공한다.

> 혹 믿지 아니하는 자가 갈리거든 갈리게 하라 형제나 자매나 이런 일에 구애될 것이 없느니라 그러나 하나님은 화평 중에서 너희를 부르셨느니라 고전 7:15

　바울은 믿지 않는 배우자가 당신과 이혼하고 싶어 한다면, 그를 보내주라고 말한다. 이러한 경우에 믿는 배우자는 속박될 필요가 없다.

　바울이 의미하는 바가 무엇일까? 바울은 믿는 사람이 믿지 않는 배우자로부터 강제로 이혼을 당한다면, 다른 믿는 사람과 자유롭게 재혼할 수 있다고 말하는 것이다. 바울이 답변할 때, 나는 그가 사용한 단어에서 답을 찾았다. 바울은 다음 구절에서 "매인 바 되나", "벗어나고", "자유롭게 되나니"라는 표현을 사용한다.

> 남편 있는 여인이 그 남편 생전에는 법으로 그에게 매인 바 되나 만일 그 남편이 죽으면 남편의 법에서 벗어나느니라 그러므로 만일 그 남편 생전에 다른 남자에게 가면 음녀라 그러나 만일 남편이 죽으면 그 법에서 자유롭게 되나니 다른 남자에게 갈지라도 음녀가 되지 아니하느니라
>
> 롬 7:2,3

남편에게 매어 있는 동안 여자는 다른 사람과 재혼할 수 없다. 그러나 남편이 죽으면, 그녀는 남편에게 벗어나 자유롭게, 간음하지 않고 재혼할 수 있다. 달리 말하자면, 매인 아내는 재혼할 수 없지만, 남편이 죽어 남편으로부터 자유롭게 된 아내는 재혼할 수 있다.

고린도전서 7장 15절로 다시 가보자. 바울은 이 경우 믿는 배우자가 더 이상 속박 아래 있지 않다고 설명한다. 여

기에 함축된 의도는 명확하다. 믿지 않는 배우자가 원해서 이혼을 당한 믿는 배우자는 더 이상 결혼에 속박된 상태가 아니며, 따라서 믿는 배우자는 간음죄를 저지르지 않고, 자유롭게 다른 믿는 사람과 재혼할 수 있다.

이렇게 이혼을 당한 신자에게 재혼할 자유가 없다면, 그들은 이혼한 믿지 않는 배우자와 논쟁하며 그에게 많은 에너지를 쏟게 될 것이다. 그러나 바울은 신자가 이혼한 믿지 않는 배우자와 더 이상 다투지 않고 그저 그들을 이해하길 바란다. 또한 이혼한 신자가 다른 믿는 자와 재혼할 경우 그들은 간음을 저지르는 것이 아니다. 왜냐하면 그들이 결혼의 속박 아래 있지 않기 때문이다.

15절에 제시된 진리는 너무 중요해서 다음과 같이 반복할 수밖에 없다. 만약 믿지 않는 배우자가 당신과 이혼을 원한다면, 당신은 더 이상 그 결혼에 매이지 않아도 되며, 하나님 앞에서 자유하다. 마음 놓고 다른 믿는 사람과 재혼해도 괜찮다. 그것은 간음이 아니다.

바울은 누군가 이렇게 반박할지도 모른다고 예상했다. "하지만 나는 나의 배우자가 구원받을 거라고 믿어요! 나는 그를 포기하지 않을 거예요. 나는 그의 영혼 구원을 위해 노력할 거예요."

　예측 가능한 이 반대 의견에 대한 바울의 대답은 고린도 전서 7장 16절에서 확인할 수 있다. 바울은 수사 의문문으로, 당신이 믿지 않는 배우자를 구원할 수 있을지 없을지에 대해 알 수 없다고 말한다. 그것을 어떻게 알 수 있는가? 그가 원한다면 그를 보내주고 이혼에 합의하는 것이 낫다. 당신은 그의 구원을 위해 지속적으로 기도할 수 있다. 하지만 그것은 관계적인 거리를 두고 해야 할 것이다.

결혼의 속박과 재혼의 자유

결혼에 대해 써 내려갈 때, 바울은 의도적으로 세 단어를 사용했다. "매인 바 되나", "벗어나고", "자유롭게 되나니"가 그것이다. 이혼 및 재혼과 관련하여 이 세 단어에 함축된 의미는 중요하다. 바울이 어떻게 세 단어를 사용하는지 다시 반복해서 설명하는 것을 용서해달라.

　바울은 한 남자와 그의 아내가 서로 법적으로 묶여 있다는 것을 설명하기 위해 "매인 바 되나"라는 단어를 사용했다. 이것은 혼인신고를 했기 때문에 나라에서 인정하는 법적 구속력을 가졌음을 의미하는 것이 아니었다. 그들을 하나 되게 하신, 하나님께서 보증하시는(모세의 율법에 명시된) 법적 결속이 있음을 의미한 것이다. 하나님은 법적인 결속으로 부부를 하나 되게 하셨으며, 그들에게 언약을 지키고 유지해야 할 책임을 주셨다. 그들은 하나님에 의해서 부부로 결합되어 서로 매인 바 된 것이다. 하나님에 의해서 서로 하나 된 부부가 헤어지거나 이혼하는 것은 죄다. 부부의 결합이 얼마나 중요한지, 말라기에서는 이혼을 학대로 규정했다(말 2:16).

다음은 바울이 결혼과 관련하여 "매인 바 되나", "벗어나고", "자유롭게 되나니"라는 단어들을 사용했던 구절들이다.

> 남편 있는 여인이 그 남편 생전에는 법으로 그에게 매인 바 되나 만일 그 남편이 죽으면 남편의 법에서 벗어나느니라 그러므로 만일 그 남편 생전에 다른 남자에게 가면 음녀라 그러나 만일 남편이 죽으면 그 법에서 자유롭게 되나니 다른 남자에게 갈지라도 음녀가 되지 아니하느니라
>
> 롬 7:2,3

> 혹 믿지 아니하는 자가 갈리거든 갈리게 하라 형제나 자
> 매나 이런 일에 구애될 것이 없느니라 그러나 하나님은
> 화평 중에서 너희를 부르셨느니라 고전 7:15
>
> 네가 아내에게 매였느냐 놓이기를 구하지 말며 아내에게
> 서 놓였느냐 아내를 구하지 말라 고전 7:27
>
> 아내는 그 남편이 살아 있는 동안에 매여 있다가 남편이
> 죽으면 자유로워 자기 뜻대로 시집갈 것이나 주 안에서만
> 할 것이니라 고전 7:39

　문맥에서 세 단어를 살펴볼 때, 우리가 발견하는 첫 번째
사실은 한 명의 배우자가 죽으면 남은 배우자는 결혼의 속
박에서 벗어나 재혼할 자유를 얻는다는 것이다. 속박에서
벗어나고 자유롭게 된다는 것은 간음을 저지르지 않고 재
혼할 수 있다는 뜻이다. 죽음은 누군가를 결혼의 속박으로
부터 벗어나게 하는 극히 드문 경우다.

　둘째, 이혼은 가능하지만, 하나님 때문에 결혼으로부터
벗어나지 못하는 경우다. 하나님께서 인정하지 않으시는
방식으로 이혼을 했기 때문에, 하나님은 여전히 그 결혼 서

약이 유효한 것으로 보신다. 이혼한 그들은 나라의 법 앞에서는 자유이지만, 하나님 앞에서는 여전히 서로에게 매인 것이다. 이 말은 곧 만약 그들이 재혼한다면 간음을 저지르는 것이 된다는 것이다. 그들이 하나님의 관점에서 여전히 유효한 결혼 서약을 파기했기 때문이다.

그래서 예수님은 "누구든지 버림받은 여자에게 장가드는 자도 간음함"(마 5:32)이라고 말씀하셨다. 예수님은 신자와 결혼했다가 이혼한 사람을 언급하고 계신 것이다. 그녀는 이혼했지만 여전히 신자인 남편과 연결되어 있다. 하나님은 그 이혼을 인정하지 않으신다. 만약 그 여자가 재혼을 하면, 그 여자와 새로운 남편은 둘 다 간음하는 것이다.

배우자의 성적인 범죄로 이혼한 경우

여기에 매우 중요한 질문이 있다. 만약 신자가 이혼했다면, 그 사람이 이전 배우자와 완전히 단절된 상태에서, 무엇이 그 사람으로 하여금 이전 배우자의 속박에서 벗어나게 하고, 하나님 앞에서 새로운 사람과 자유롭게 재혼할 수 있도록 하는가? 그 질문에 대한 세 가지 성경적 답변을 제시한다.

1. 배우자의 죽음 (롬 7:2,3)

2. 배우자의 성적인 범죄 (마 5:31,32, 마 19:9)

3. 불신자에게 이혼을 당함 (고전 7:15)

우리는 이미 첫 번째와 세 번째 경우에 대한 논의를 마쳤다. 이제 두 번째 사례에 관한 이야기를 해보자. 예수님은 마태복음 5장 31,32절에서 예외를 두셨다. 만약 배우자가 성적인 범죄를 저질렀다면, 무고한 배우자는 이혼하고 나서 재혼할 수 있다는 것을 암시하셨다. 이 결론은 기록된 것이 아니라 암시되었기 때문에 해석적 차이가 있을 수 있다. 다시 말하지만, 이 경우에도 무고한 배우자가 반드시 이혼해야 한다는 말은 아니다. 사실 배우자가 하나님 앞에서 상대 배우자를 용서하고, 가정의 치유와 화합을 위해 치열하게 노력하는 것은 고귀하다. 그러나 성적인 범죄의 경우 너무 나쁜 것이고, 가정을 더럽히는 일이며, 죄를 지은 배우자가 모든 신뢰의 기초를 파괴하는 방식으로 가정을 깨뜨리는 것이다.

그런 상황에서 주님은 이혼에 대한 모든 책임을 죄를 지은 배우자에게 전가하셨고, 무고한 배우자의 이혼을 허락하셨다. 이혼한 경우, 예수님은 무고한 배우자가 재혼해도 된다는 것을 암시하셨다. 다음 장에서 이와 같은 주장이 더욱 빛나게 될 것이다.

배우자의 죄 때문에 꼼짝없이 갇히지 않아도 되는 이유

세 차례에 걸쳐서 예수님은 재혼과 간음에 대해 분명하고도 포괄적인 진술을 하셨다. 다음의 말씀을 보라.

> 또 일렀으되 누구든지 아내를 버리려거든 이혼 증서를 줄 것이라 하였으나 나는 너희에게 이르노니 누구든지 음행한 이유 없이 아내를 버리면 이는 그로 간음하게 함이요 또 누구든지 버림받은 여자에게 장가드는 자도 간음함이니라 마 5:31,32

> 무릇 자기 아내를 버리고 다른 데 장가드는 자도 간음함이요 무릇 버림당한 여자에게 장가드는 자도 간음함이니라 눅 16:18

> 예수께서 이르시되 모세가 너희 마음의 완악함 때문에 아
> 내 버림을 허락하였거니와 본래는 그렇지 아니하니라 내
> 가 너희에게 말하노니 누구든지 음행한 이유 외에 아내를
> 버리고 다른 데 장가드는 자는 간음함이니라 마 19:8,9

다시 말하지만, 이혼을 원하지 않는 무고한 배우자에 대
한 예수님의 언급은 어려운 수수께끼다. 예수님은 만약 남
편에게 억지로 이혼당한 여자가 다른 남자와 재혼하면, 간
음한 것이라고 말씀하셨다. 이 수수께끼를 강조하고 설명
하기 위해 다음과 같은 상황을 가정해보자.

존(John)과 수(Sue)는 둘 다 크리스천이었다. 그런데 존
은 그것이 잘못이라는 것을 알면서도 수와 이혼하기로 결
정했다. 간음은 없었다. 존은 그녀와의 결혼생활을 더 이상
원치 않았다. 수는 이혼에 반대했지만 소용이 없었다. 존은
수와의 관계에 지쳐 있었고 그만두기를 원했다.

이와 같은 상황에서 예수님의 가르침을 따른다면, 수가
존과 이혼한 후 다른 누군가와 재혼하는 것은 간음이다.
만약 그녀가 순결하게 남기 원한다면, 그녀는 꼭 막혀버린

상태가 된다. 존은 수에게 돌아오지 않을 것이고, 수는 다른 누군가와 재혼할 수도 없다. 예수님의 가르침을 따르려면, 존이 마음을 바꿔서 수와 재결합을 원해야 하는데, 그렇지 않는 한 그녀는 남편 없이 여생을 혼자 살아야 하는 상황에 처하게 되는 것이다.

이때 수는 마치 존의 죄에 대한 희생자처럼 보인다. 주님은 그녀에게 아무것도 할 수 없게 하신 것일까? 글쎄, 예수님은 그렇게 하셨다. 다시 마태복음 18장 15-17절로 돌아가보자. 존이 그녀에게 죄를 지었을 때, 그녀는 죄를 지은 남편과 함께 마태복음 18장의 지침을 따를 수 있는 선택권이 있었다.

나는 마태복음 18장이 그녀처럼 무고한 배우자가 의지할 수 있는 열쇠라고 믿는다. 이 말씀 덕분에 그녀는 배우자의 죄 때문에 꼼짝없이 갇혀버리지 않아도 된다. 이와 관련된 것이 우리가 다음 장에서 함께 탐구할 내용이다. 7장은 마치 이 책의 다양한 주제들을 잘 짜놓은 것처럼 하나로 합쳐질 것이다.

07

화해와 회복을 위한
다양한 교회
법정 사례

수세기 동안 이혼의 사례에서 무죄한 배우자를 다루는 예수님의 방식은 성경에 관심이 많은 사람들을 당혹하게 했다. 예수님은 항상 모든 일에 자비로우셨지만, 이혼과 재혼에 관해서만큼은 매우 단호하고 융통성이 없어 보이셨다. 그는 죄 없는 배우자(이혼에 책임이 없는 배우자)가 재혼하는 것도 간음을 저지르는 것이라고 말씀하셨다. 이런 어려움의 실제적인 예를 들려면, 지난 장 마지막 부분에서 가상으로 그려낸 상황으로 다시 되돌아가야 한다.

위기의 부부 문제 스토리텔링 접근법

존(John)과 수(Sue)는 둘 다 믿는 사람이다. 그리고 존은 그것이 잘못이라는 것을 알면서도 수와의 이혼을 결정했다. 그는 더 이상 결혼생활을 유지하고 싶지 않았다. 당신은 이 가정에서 어떠한 음행도 일어나지 않았다는 사실을 기억할 것이다. 그는 단지 탈출하고 싶을 뿐이다.

예수님의 말씀에 따르면, 만약 수가 재혼하면 그녀는 간음을 저지르는 것이다. 죄를 짓지 않으려면 그녀는 평생 독신으로 지내야 한다. 우리에게는 그녀가 존이 저지른 죄에 대한 희생자로 보이고, 예수님도 그녀가 의지할 수 없는 분처럼 보인다. 예수님은 다음과 같이 단순히 명령하셨다.

> 무릇 자기 아내를 버리고 다른 데 장가드는 자도 간음함이요 무릇 버림당한 여자에게 장가드는 자도 간음함이니라
>
> 눅 16:18

수의 경우가 적용되는 부분은 이 구절의 후반부다. 만약 수가 다른 남자 릭(Rick)과 결혼한다면, 릭과 수는 간음하는 것이다. 그러면 예수님이 정말 수에게 의지할 만한 것을 하나도 남기지 않으셨을까? 나는 그렇지 않다고 생각한다. 다시 마태복음 18장 15-17절로 돌아가보자.

존은 수에게 죄를 지었다. 존이 믿는 사람이기 때문에, 수는 마태복음 18장의 3단계를 그들의 꽉 막힌 결혼생활에 적용해야 한다. 또한 수는 그녀의 상황을 교회 법원으로 가져갈 수 있다. 이것은 성경에 관심이 많은 사람들조차 대부분 놓치는 것이다. 사실 예수님은 은혜로운 항소 절차를

통해 수를 보호하시고 준비하도록 하신다.

마태복음 18장이 위기에 빠진 결혼과 부부 문제에 현실적으로 어떻게 적용되어야 할까? 우리는 원칙을 제시함으로써 그 질문에 대답할 수 있다. 하지만 나는 몇 가지 가상의 이야기를 통해 그 대답을 찾아내고 싶다. 몇 가지 가상의 상황을 설명하고 나서, 각 상황에 대응하는 최선의 방법을 고려해보고자 한다. 각 상황을 조금 장황하게 설명하더라도 이해해주기 바란다. 이 스토리텔링 접근법을 통해 우리가 어떻게 문제를 해결할 수 있는지 주님이 알려주신 방식을 좀 더 쉽게 이해할 수 있기를 바란다.

사례 1 존은 벗어나기 원한다

앞서 언급한 경우를 계속해서 살펴보자. 존과 수는 둘 다 믿는 사람이고, 존은 수와 이혼하기로 결정했다. 그는 더 이상 수와 함께 살고 싶지 않았다. 다시 말하지만, 이 가정에 간음은 일어나지 않았다. 그는 결혼생활에 지쳤고, 벗어나기 원했다. 존은 이혼 절차를 시작했다. 그러면 수는 무엇을 해야 하는가? 수는 고소할 수 있다. 이 말의 의도는 그녀의 사건을 교회 법정으로 가져갈 수 있다는 것이다. 그 이유를 설명해보겠다.

수가 첫 번째로 명확하게 찾아야 할 것은 존이 그녀에게 죄를 짓는 방식이다. 결혼생활이 위기에 빠진 몇몇 신자들은 이 부분을 간과하지만, 이것은 치유를 위해 필수적이다. 수는 존이 고린도전서 7장 10,11절에 결혼한 자들에게 하신 말씀을 위반하고 있다는 사실을 알려야만 한다. 이 말씀은 믿는 배우자는 별거나 이혼이 허용되지 않는다고 가르친다. 그는 또한 하나님이 짝지어 주신 것을 나뉘게 하지 말라는 예수님의 명령에도 불순종한 것이다(마 19:6).

이제 수는 그녀의 형제 존이 자신에게 죄를 짓고 있다는 것을 분명히 이해했기 때문에, 지체 없이 마태복음 18장 15-17절의 3단계를 시작해야 한다. 그녀의 첫 단계는 이 책의 3장에서 제시한 가이드라인을 따라 순순히 그에게 다가가는 것이다. 심지어 이혼할 생각을 품은 그를 꾸짖고(눅 17:3), 그의 잘못을 드러내고(마 18:15), 그가 회개하도록 간절히 부탁하는 것이다.

만약 그가 그 말을 듣지 않고 계속 이혼을 향해 나아간다면, 그녀는 교회 지도자들을 한두 명 그에게 데리고 가서 그들 사이를 중재해야 한다. 만약 그가 그들의 말도 듣지 않으면, 그녀는 본 교회의 목양팀이나 교회 위원회에 그 문제를 가져가야 한다.

교회 규율은 항상 사람을 구원하는 것을 목표로 한다. 존과 같은 사람을 회개시켜서 가정을 구하기 위해 노력하는 것이다. 만약 존이 교회의 소리에도 반대하여 완고하게 이혼을 추진한다면, 교회는 그를 불신자로 선언할 권한이 있다. 존이 수와 이혼할 때 교회가 존을 불신자로 선언한다면 수는 더 이상 그 결혼에 얽매이지 않게 되는 것이다 (고전 7:15). 마태복음 16장 19절 말씀처럼 예수님께 권한을 부여받은 교회는 수가 존으로부터 벗어나 간음을 저지르지 않고 재혼할 수 있음을 분명히 말해야 한다.

다시 말하지만, 예수님은 배반당한 배우자들이 교회에 상소할 기회를 줌으로써 그들에게 자비를 베푸셨다. 예수님은 죄를 지은 배우자 때문에 꼼짝 못하게 된 무고한 배우자를 지원하고, 변호하고, 감싸주고, 무죄를 입증하고, 기도해주기 위해 교회를 고안하셨다. 수가 그녀가 다니는 교회에 자신의 고통스러운 짐을 나눌 수 있을 만큼 지혜롭기를 바란다.

오직 교회만이 적법한 절차를 거쳐 누군가를 결혼의 관계에서 해방시킬 권한을 가지고 있다. 국가는 그러한 권한이 없다. 나라에서 이혼 서류를 승인해줄 수는 있지만, 하나님이 인정하시는 방식으로 누군가를 결혼에서 해방시킬 수는 없다. 그녀 역시 그럴 권한을 가지고 있지 않다. 만약 그녀가 존과 헤어져 재혼하기로 결정해버리면, 그녀는 간음을 저지르는 것이다. 그녀가 이 꽉 막힌 상황에서 벗어날 수 있는 유일한 방법은, 그 문제를 교회에 가져가서 그들의 판단을 구하는 것이다.

만약 존이 교회 법원에 회개하는 모습을 보인다면, 그들은 관계를 새롭게 세워나갈 수 있다. 만약 존이 교회의 권위를 거부하고 수와 이혼한다면, 교회 위원회는 그를 불신자로 간주할 수 있고, 수를 결혼의 결속 관계에서 해방시킬 수 있다. 일단 수가 결혼 관계에서 벗어나면, 그녀가 다른 남자와 재혼하더라도 간음한 것이 아니다. 그녀는 더 이상 꼼짝 못하는 상태에 갇혀 있지 않다. 마태복음 18장에 제시된 예수님의 가르침 덕분이다.

세상의 법원이 교회 법원보다 벼랑 끝에 서 있는 가정을 더 많이 판결했을지 모르지만, 이 문제에 있어서 나는 예수님이 주재하시는 교회 법원을 더욱 신뢰한다(마 18:20). 나는 신자들이 고린도전서 6장 1-8절의 정신으로 힘든 결혼 문제를 세상의 법원보다 교회 법원으로 가져가기를 권면한다.

사례 2 존과 수는 이미 이혼했다

이 경우로 다시 돌아가서 이번에는 상황을 조금 바꿔보자. 존과 수는 둘 다 믿는 사람이었고, 존은 수와 이혼하기로 결정했다. 그는 결혼생활이 행복하지 않았다. 간음은 없었지만 결혼생활을 그만하기로 결정한 것이다. 존은 수의 의견에 아랑곳하지 않고 막무가내로 그녀와 이혼해서 자신의 삶을 살아갔다. 그는 재혼하지 않고 독신으로 살며 주님을 섬기기로 결심했다.

그러는 동안 수는 꼼짝도 할 수 없었다. 그녀는 이혼했지만 존에게서 해방될 수 없었다. 존이 믿는 사람이기 때문에, 고린도전서 7장 10,11절을 따라 수는 자신이 독신으로 살아가거나, 존과 화해할 수밖에 없다는 사실을 명확히 이해했다. 그래서 수 역시 재혼하지 않았다. 그녀는 남편의 지원을 받을 수 없었지만, 다른 남편을 찾을 자유도 없었다. 만약 그녀가 다른 남자와 결혼하면, 그녀는 간음을 저지르는 것이다(눅 16:18).

몇 년이 지나서 수가 우연히 이 책을 찾았다. 여기서 제시한 원칙들을 읽으며, 그녀는 마땅히 그랬어야 했는데, 이 모든 것을 존과 함께 실천하지 않았다는 사실을 깨달았다. 이 책은 그녀가 이혼할 때 몰랐던 것을 알려주었다. 그제야 그녀는 존이 처음으로 이혼 이야기를 꺼내서 그들의 문제가 시작되었을 때, 그녀가 마태복음 18장 15-17절을 따라 행동했어야 했음을 깨달았다. 비록 존이 그녀에게 죄를 지었지만, 그녀는 예수님이 말씀하신 방식으로 그 문제를 다루지 않은 것을 후회하고 있다.

지금 수가 의지할 것은 무엇인가? 그녀가 꽉 막힌 상황에서 벗어나기 위해 할 수 있는 일이 있을까? 만약 그녀가 원한다면, 수는 여전히 존과 함께 마태복음 18장 15-17절의 단계들을 적용할 수 있다. 두 사람 모두 여전히 그리스도 안에서 신자이기 때문이다. 사실 나는 그녀가 이 말씀을 따라야 할 의무가 있다고 말하고 싶다. 예수님은 제안이 아니라 명령으로 우리에게 마태복음 18장 말씀을 주셨기 때문이다.

이때 그녀가 취할 수 있는 첫 번째 행동은 개인적으로 존에게 가서 그의 잘못을 말해주는 것이다. 수는 그와 만나기 전에 미리 이 책의 복사본을 전해주고 싶을지도 모른다. 그러면 그녀의 입장이 어디서 비롯되었는지 존이 더 잘 이해할 수 있을 것이다. 그녀의 주장은 기본적으로 다음과 같다.

"존, 당신이 나와 이혼했을 때, 당신은 나에게 죄를 지었어요. 나는 당신이 예수님 안에서 회개하고, 당신의 마음을 가정으로 돌이켜서 나와 재결합해주기를 요청해요."

그가 만약 아내의 의견을 무시하고 회개하지 않는다면, 그녀는 그리스도의 몸 안에서 한 지체인, 한두 명의 명망 있는 지도자들을 존에게 데려갈 수 있다. 그녀는 존이 소속된 교회 지도자들을 데려가는 것을 고려해야 한다. 만약 존이 그들의 의견도 받아들이지 않는다면, 그녀는 존이 소속된 교회로 이 사건을 가져가서, 그녀를 대신해서 교회 법정을 열어달라고 요청할 수 있다.

여기서 희망적인 점은 교회가 그들의 이혼이 죄라는 것과 존이 회개하고 그의 아내를 돌봐야 한다는 것에 동의하리라는 점이다. 바라건대, 그들은 존이 예수님께 회개하고 예수님께 순종하도록 도와줄 수 있을 것이다. 존을 불신자로 선언하는 것은 최후의 수단이며 크나큰 슬픔일 것이다. 존은 디모데전서 5장 8절의 말씀으로 판단 받을 것이다.

> 누구든지 자기 친족 특히 자기 가족을 돌보지 아니하면 믿음을 배반한 자요 불신자보다 더 악한 자니라 딤전 5:8

그러나 긍정적으로 보면, 수는 교회를 통해 결혼의 결속 관계에서 해방될 수 있고, 또 간음죄를 범하지 않고 자유롭게 재혼할 수 있게 된다(고전 7:15).

사례 3 린다가 재혼했다

케빈(Kevin)과 린다(Linda)는 교회를 위해 헌신하는 신자들이다. 하지만 그들의 결혼생활에 문제가 생겼다. 그들은 결국 이혼했고 린다는 재혼했다.

이제 케빈은 이 책을 막 집어 들었다. 그는 그것이 죄이기 때문에 자신과 린다가 결코 이혼하지 말았어야 했다는 사실을 깨달았다(고전 7:10,11). 그는 자신이 린다와 이혼하면서 서로에게 죄를 지었다는 것을 인정했고, 지금은 뉘우치고 있다. 하지만 린다는 재혼했다. 이 상황에서 케빈이 무엇을 할 수 있을까? 그는 그대로 갇혀버린 것일까?

우선 첫째, 린다가 다른 남자와 재혼했기 때문에 그녀와 그녀의 새 남편은 둘 다 간음죄를 범한 것이다(눅 16:18). 린다는 이혼했지만 케빈과의 결혼 관계에서 벗어난 것이 아니기 때문에, 다른 남자와 자유롭게 결혼할 수 없었다. 성경은 린다의 상황에 대해 이렇게 말한다.

> 그러므로 만일 그 남편 생전에 다른 남자에게 가면 음녀라… 롬 7:3

케빈은 린다가 재혼하면서 간음죄를 저질렀다는 것을 깨달았고, 자신이 그녀와 같은 실수를 반복하고 싶지 않기 때문에 다음과 같은 질문을 던질 수 있다. 질문과 답변을 보고 당신도 함께 생각해보라.

Q1 린다에게 새 남편과 이혼하고 나에게 돌아오라고 설득해야 할까?

A 아니다. 케빈은 신명기 24장 1-4절 말씀에 따라 린다와 재혼해서는 안 된다. 그렇게 하는 것은 하나님이 보시기에 '가증한' 것이다. 린다는 죽음이 그들을 갈라놓을 때까지 그녀의 새로운 결혼생활을 지속해야 한다.

Q2 린다가 다른 남자와 재혼했다는 것은, 내가 그녀에게서 벗어나 다른 여자와 간음죄를 짓지 않고 자유롭게 재혼할 수 있다는 것을 의미하는가?

A 아니다. 예수님은 린다의 재혼이 케빈을 다른 사람과 다시 재혼할 수 있도록 해방시키지 않았다고 말씀하셨다. 오히려 이 상황에 적용되는 구절을 통해 예수님은 케빈이 다른 여자와 재혼하면, 린다가 케빈과 그의 새 아내에게 간음죄를 저지르게 만드는 것이라고 말씀하셨다(마 5:32). 린다는 어떻게 케빈이 간음을 저지르게 했는가? 그녀가 다른 남자와 재혼함으로써 케빈과 재결합할 문을 닫아버린 것이다.

Q3 우리가 이혼할 때 린다와 함께 마태복음 18장의 단계를 따르지 않았고, 그녀가 재혼해버렸으니 나는 정녕

자유롭게 재혼할 수 없고 꼼짝없이 갇혀 있게 되는 것인가?

A 그렇다. 예수님의 가르침을 단도직입적으로 말하면, 만약 케빈이 재혼하면 그는 간음죄를 저지르는 것이다. 그는 린다가 다른 남자와 재혼하려고 했을 때, 그녀의 죄를 지적했어야 했다. 하지만 그는 린다와 함께 마태복음 18장의 3단계를 적용하지 않았다. 케빈이 예수님 앞에 순결하게 남으려면 그는 독신으로 살아가야 한다.

하지만 나는 케빈을 위해 가능한 대안이 있다고 생각한다. 이 대안은 나의 개인적인 제안이다. 당신도 고려해보기 바란다. 케빈에게 여전히 그의 사건을 교회 법정으로 가져갈 수 있는 선택권이 있을까? 케빈이 교회 위원회를 찾아가서, 그들에게 이렇게 말했다고 가정해보자.

"저는 죄를 지었습니다. 저는 린다와 이혼하지 말았어야 했습니다. 회개합니다. 린다가 다른 남자와 재혼한 것만 빼면 저는 기꺼이 그녀와 다시 연합하기를 바랍니다. 그녀의 마음에 호소하기 위해 마태복음 18장 15-17절 말씀을 한 번도 사용하지 않은 것을 회개합니다. 그 당시에 저는 어떻게 그것을 적용했어야 했는지 몰랐습니다. 이제 우리가 다시 합치는 것은 불가능합니다. 나는 갇혀버렸습니다. 비록 린다와 이혼했지만, 나는 서약을 벗어나지 못하고 있습니다. 만약 제가 마태복음 5장 32절에 기록된 예수님의 뜻을 바르게 이해하고 있다면, 제가 다른 여자와 재혼하면 간음을 저지르는 것이 됩니다. 그러므로 저는 교회 위원회에 호소하여 묻습니다. 예수님께서 교회 위원회에 허락하신 묶고 풀 수 있는 권위에 근거하여(마 18:18) 제가 린다와 결혼의 결속 관계에서 벗어날 수 있도록 기도해주시겠습니까?"

나의 개인적인 의견은, 교회에서 판결을 내리는 위원회가 함께 기도하고, 사건의 세부사항을 논의하고, 참회하는 신자에게 공식적으로 결혼의 결속 관계에서 벗어나도록 하는 성령의 해방 여부를 결정하도록 그리스도로부터 위임된 권한을 받았다는 것이다. 만약 교회 위원회가 묶여 있는 사람을 진심으로 풀어준다면, 예수님은 하늘이 그 결정을 존중하고, 그 사람을 풀어줄 것이라고 말씀하셨다. 나는 예수님의 이 말씀이 마태복음 18장 15-17절 직후에 등장하는 것이 우연의 일치가 아니라고 생각한다.

> 진실로 너희에게 이르노니 무엇이든지 너희가 땅에서 매면
> 하늘에서도 매일 것이요 무엇이든지 땅에서 풀면 하늘에서
> 도 풀리리라 마 18:18

만약 내가 여기서 이해한 바가 옳고, 교회 위원회가 예수 그리스도의 이름과 권위에 근거하여 케빈과 린다와의 결혼의 결속 관계를 풀어준다면, 케빈은 간음죄를 저지르지 않고 다른 신자와 자유롭게 재혼할 수 있을 것이다. 다시 말하지만, 오직 당사자들이 출석하는 교회만이 이러한 방식으로 배우자와 결혼의 결속 관계에서 벗어나도록 해줄 수 있는 권한을 부여받았다.

사례 4 앤은 불륜을 저질렀다

때때로 문제를 겪는 부부는 불륜으로 인해 복잡한 상황에 놓인다. 다음은 불륜을 포함한 가상의 상황을 설정하여 이 책의 원칙이 어떻게 적용되는지 살펴보려고 한다.

마크(Mark)와 앤(Anne)은 둘 다 믿는 사람이고, 결혼한 지 20년이 지났다. 앤은 직장에서 알게 된 남자에게 끌려 그와 불륜을 저질렀다. 몇 달 후, 마크는 그녀의 전화기를 보고 불륜 사실을 알게 되었다. 마크는 두 사람이 행복한 가정을 이루고 결혼생활을 하고 있다고 생각했기 때문에 엄청난 충격을 받았다.

마크는 앤과 이혼할 수 있는 성경적 근거가 자신에게 있다는 것을 알았지만(마 5:31,32), 그렇게 하고 싶지 않았다. 그들에게는 경이로운 세 자녀가 있었고, 그는 자녀들이 장성하여 많은 손주를 안겨줄 순간을 손꼽아 기다렸다. 그는 가정을 지키고 싶었고, 앤과 자녀들과 노년까지 함께하고 싶었다. 그 사이에 앤은 동료와 사랑에 빠졌다. 그리고 그와 결혼하기 위해 마크의 곁을 떠날 생각이라고 말했다.

앤은 이미 마크에게 (불륜이라는) 죄를 지었고, (이혼을 요구하는) 죄를 거듭해서 짓고 있었다. 이 상황에서 마크는 무엇을 할 수 있을까? 앤의 영혼과 그들의 가정을 위해 마크가 취할 수 있는 가장 좋은 방법은 무엇일까?

마태복음 18장 15-17절의 3단계를 따를 경우, 마크가 할 수 있는 1단계는 개인적으로 앤을 찾아가 성경에 근거한 그녀의 죄를 확인한 다음 그녀에게 간청해야 한다. 그녀가 회개하고 그리스도께 복종하도록 설득하는 것이다. 만약 그녀가 회개한다면, 그것은 그녀가 마크의 말을 받아들이며 기꺼이 결혼생활에 전념할 것이라는 뜻이다. 그들은 유능한 부부 상담가를 찾아가고, 결혼과 제자도에 관한 경건 서적을 읽으며, 매일 말씀으로 함께 기도하고, 가정을 회복하는 과정에 진지하게 임해야 한다.

그런데 만약 앤이 마크을 말을 듣지 않고, 다른 남자와의 불륜을 지속하겠다고 말한다면, 마크는 2단계를 적용하여 그들의 교회에서 한두 사람의 지도자를 앤에게 데려와 증인으로 서게 해야 한다. 이 상황에는 남편과 아내로 이루어진 팀, 혹은 평판이 좋은 두 여성으로 이루어진 팀을 앤에게 데려가는 것이 훌륭한 선택일 것이다. 만약 앤이 이 지도자들의 말을 경청하여 회개한다면, 그들의 가정은 회복될 수 있다.

만약 앤이 이 지도자들을 거부한다면, 마크는 그 문제를 교회 위원회로 가져가야 한다. 마크는 위원회에 출석하여 마태복음 18장 15-17절 말씀을 읽고, 그들에게 사건을 맡아달라고 부탁해야 한다. 위원회는 그들이 어떻게 앤에게 접근하고 호소할지 결정할 것이다. 희망하는 것은 그녀가 교회의 권위자들과 마주했을 때, 그때라도 정신을 차리고 회개하는 것이다.

앤은 그녀 자신이 마태복음 18장 15-17절의 정신에 직면해야 하며, 만약 그녀가 그리스도에 대한 복종을 거부할 경우, 교회가 그녀를 불신자로 간주할 수 있는 권한이 있다는 사실을 깨달아야 한다. 만약 앤이 교회의 권위자를 인정하고 회개한다면, 마크와 앤은 그들의 가정을 회복할 수 있는 근거를 갖게 될 것이다. 물론 그들 앞에 긴 여정이 놓여 있지만, 주님은 그들에게 완전한 회개의 여정을 위해 필요한 모든 것과 그리스도에 대한 순종을 통해 그들의 가정을 다시 세우기 위해 필요한 것들을 제공해주셨다(벧후 1:3).

만약 앤이 거부한다면, 그것은 그녀가 예수님에 대한 순종과 교회에 복종하는 것보다 불륜을 선택했다는 것을 의미한다. 그녀가 마크와 이혼하기를 원하고 그녀의 길을 간다면, 그 경우 교회는 그들의 관점에서 앤을 불신자로 판단할 권한을 가졌다. 만약 그녀가 마크와 이혼한다면, 고린도전서 7장 15절이 적용될 수 있다. 다시 말해, 교회는 마크가 더 이상 앤과의 결혼의 결속 관계에 있지 않다는 판결을 내릴 수 있으며, 그는 자유롭게 재혼할 수 있다.

마크가 앤과 함께 마태복음 18장 15-17절의 단계를 따름으로 그는 성령님께서 일하실 수 있는 자리를 내어드리게 된다. 앤에게 자유의지가 있기 때문에 그녀가 반드시 성령님께 항복하고 회개하리라는 보장은 없다. 그러나 예수님의 방식을 따르려고 하는 마크의 순종은, 앤의 마음을 은혜 가운데로 움직일 수 있는 최고의 기회를 제공한다. 마크가 앤에게 예수님의 방식으로 접근하는 것은 매우 현명하다. 왜냐하면 이것이 앤이 회개할 수 있는 가장 좋은 기회가 되며, 궁극적으로 꽉 막힌 상황에서 그들을 꺼내주기 때문이다.

사례 5 바브는 재혼하고 깊이 뉘우치고 있다

바브(Barb)와 댄(Dan)은 몇 년 동안 부부였고, 둘 다 예수님께 열정적으로 헌신적이었다. 하지만 그들의 결혼생활은 항상 힘들었고, 결국 두 사람은 이혼했다. 이혼 후, 바브와 댄 모두 다른 사람과 재혼했다. 하지만 몇 년이 지나서 바브가 이 책을 읽었고 자신이 몇 년 전에 죄악된 결정을 내렸다는 것을 깨달았다. 결혼에 있어서 그녀와 댄이 서로 죄를 지은 것이다. 그들은 서로의 죄를 제대로 고백하고, 회개한 적이 없었다. 결국 그들의 결혼생활은 파경을 맞았다.

이제 바브는 댄과 이혼함으로써 자신이 죄를 지었다는 것과 현재의 남편과 재혼할 때 간음을 저질렀다는 것을 깨달았다. 그녀는 그 문제로 고통받았고, 그녀가 저지른 죄 때문에 이미 성령에 의해 유죄로 결정되었다. 이 상황에서 그녀는 어떻게 해야 할까?

간단히 말해서 바브는 회개해야 한다. 그녀는 존경받는 여성 동역자를 찾아가 야고보서 5장 16절의 정신으로 자신의 죄를 여성 동역자에게 고백해야 한다.

> 그러므로 너희 죄를 서로 고백하며 병이 낫기를 위하여 서로 기도하라 의인의 간구는 역사하는 힘이 큼이니라 약 5:16

그리고 자신이 저지른 죄를 최악의 상황으로 여기고 이렇게 고백해야 한다. "나는 간음하는 결혼생활을 해왔어요. 몇 해 전 우리가 이혼했을 때, 나는 댄에게 폭력적인 죄까지 저질렀어요." 그녀는 여성 동역자에게 자신이 치유될 수 있도록 기도해달라고 요청해야 한다. 그곳에 복음의 영광이 있다.

> 만일 우리가 우리 죄를 자백하면 그는 미쁘시고 의로우사 우리 죄를 사하시며 우리를 모든 불의에서 깨끗하게 하실 것이요 요일 1:9

이것이 십자가의 능력이다! 하나님은 악한 양심의 가책으로부터 바브를 깨끗이 씻어내시고, 그의 목전에서 그녀를 순결한 처녀로 회복시킬 것이다. 그녀의 결혼이 예수님의 보혈로 정결케 된다면, 그 결혼은 더 이상 하나님의 관점에서 간음이 아니다. 결혼이 치유된 것이다.

바브는 주님이 깨닫게 해주신 것을 그녀의 새 남편과 조심스럽게 공유하고 싶을지도 모른다. 아마 그녀의 남편은 그들이 결혼할 때, 간음죄를 저질렀다는 것을 알기 원할 것이다. 어쩌면 그 역시 자신의 죄를 고백하고 그리스도를 통해 정결케 되기를 원할 것이다.

바브는 댄에게 용서를 구해야 한다. 왜냐하면 그녀는 그들의 결혼생활과 이혼의 기간 동안 댄에게 죄를 지었기 때문이다. 만약 바브와 댄 사이에 아이가 있다면 그녀는 그들의 자녀에게도 회개해야 한다. 또한 주님은 그녀에게 죄를 고백하고 회개해야 할 가족과 친구, 또 다른 사람들을 보여주실 것이다.

바브는 그녀의 두 번째 결혼생활에 그대로 머물러야 한다. 만약 그녀가 현재의 남편과 이혼한다면, 그녀는 아무것도 바로잡을 수 없을 뿐만 아니라, 오히려 죄를 가중시키는 것이 된다. 바브는 현재 그녀의 결혼생활을 유지하고, 그리스도께 죄사함을 받고, 새로운 은혜와 희망을 향해 앞으로 나아가야 한다.

사례 6 칼은 폭력을 행사했다

칼(Carl)과 에이미(Amy)는 진실한 신자이며 서로 사랑했고, 몇 년 동안 결혼생활을 유지했다. 그러나 칼은 그의 양육 과정과 기질상 분노의 문제를 안고 있었다. 칼은 에이미에게 자주 화를 냈고 그녀를 수없이 위협하고 협박했다. 최근 들어 그의 위협은 그 정도가 말할 수 없이 심각해졌다. 그는 그녀의 얼굴을 세게 때리고 그녀를 벽으로 밀쳐버렸다. 에이미는 이 결혼생활을 유지할 수 있을지 두려웠다. 이러한 상황에서 그녀는 어떻게 해야 할까?

에이미는 칼이 자신에게 죄를 짓고 있음을 분명히 밝혀야 한다. 그녀가 취해야 할 첫 번째 행동은 이러한 내용을 칼과 개인적으로 이야기하고, 그가 회개해야 한다고 호소하는 것이며, 그의 분노를 그리스도께 굴복시키는 데 필요한 도움을 받도록 하는 것이다.

에이미는 자신을 위해서 칼이 필요한 도움을 받아야 한다고 주장할 수 있는 권리가 있으며, 칼은 하나님 앞에서 에이미의 요구에 복종해야 할 의무가 있다(엡 5:21). 칼이 에이미의 호소를 받아들여서 눈물로 회개하기를 희망한다. 그들은 목사님을 만나 칼이 제자훈련을 받을 수 있게 해달라고 주장할지도 모른다. 만약 칼이 자신의 분노를 그리스도께 복종시키기 시작하면, 그들의 가정은 회복될 수 있다는 희망을 갖게 될 것이고, 앞으로 몇 년 동안 많은 기쁨을 누리게 될 것이다.

만약 칼이 에이미의 말에 동의하여 그의 죄를 고백하고, 그녀에게 용서를 구하지만, 그의 분노를 극복하기 위한 경건훈련을 거부한다고 가정해보자. 그가 이 문제를 스스로 해결할 수 있다고 믿는 상황이라면, 칼은 실제로 에이미의 의견을 존중한 것이 아니다. 그는 여전히 그녀에게 죄를 짓는 것이다. 어떻게? 도움을 구하는 그녀의 요청에 복종하지 않음으로써(엡 5:21). 그런 경우 에이미는 마태복음 18장의 2단계를 적용해야 한다. 그의 완고한 자존심에 맞서 교회 지도자들을 데려가야 한다. 우리의 희망은 칼이 지도자들의 지혜에 복종하고 회개하며, 예수 그리스도의 충실한 제자가 되기 위해 헌신하는 것이다.

만약 칼이 그 지도자의 말을 듣지 않는다면, 에이미는 그녀의 사건을 교회로 가져가야 한다. 칼이 교회의 권위에 저항한다는 것은 상상하기 어려운 일이지만, 만약 칼이 에이미가 소속된 교회 지도자들의 권위를 인정하지 않고, 그들이 편파적이라고 생각한다면 어떻게 될까? 만약 그가 불신자이고 그녀를 육체적으로 학대한다면? 그렇다면 나라에 배우자 학대를 금지하는 법이 있기 때문에, 에이미는 그 사건을 국가의 법원으로 가져갈 수 있다. 법원은 그것을 구타, 가중처벌이 가능한 괴롭힘 또는 폭행으로 규정하고, 에이미 역시 법적 청구권을 가질 것이다. 그러나 우리의 희망은 그녀와 칼이 교회 법정에서 그 문제를 해결하고 치유되는 것이다.

사례 7 짐 목사의 결혼이 위기에 처했다

목사의 결혼이 위기에 처해 있는 가상의 상황에서 최선책이 무엇인지 살펴보자.

짐(Jim)과 브렌다(Brenda)는 약 500명의 성도가 있는 건실한 교회의 목사와 사모다. 거실에서 시작한 교회를 영향력 있는 지역 교회로 성장시킨 그들은 그 지역에서도 유명하고 좋은 평판도 얻었다. 짐은 뛰어난 의사소통 능력의 소유자로 강력한 리더이자 매력적인 성격을 가진 사람이었다.

어느 날 누군가가 브렌다에게, 짐의 차가 신디의 집 앞에 주차되어 있는 것을 보았다고 말했다. 그러자 짐의 최근 행동들이 이해되기 시작했다. 브렌다는 짐과 정면으로 맞섰고, 짐은 신디와 바람을 피우고 있다는 사실을 인정했다. 짐은 브렌다에게 자신이 신디를 사랑하고 있으며, 신디와 결혼하기 위해 이혼할 계획이라고 말했다.

브렌다는 어떻게 해야 할까? 글쎄, 그녀는 이미 마태복음 18장의 1단계를 끝냈다. 그녀는 이미 개인적으로 짐을 찾아가서 말했고, 그 역시 죄를 자백했지만 아내에게로 마음을 돌리지 않았다. 오히려 짐은 브렌다와 이혼할 의사를 밝혔다.

다음으로 브렌다는 마태복음 18장의 2단계를 실행해야 한다. 브렌다의 경우, 남편이 그녀가 소속된 교회의 목사였기 때문에 그 교회 사람들을 증인으로 내세워 짐과 맞서는 것은 좋은 방법이 아닐 것이다. 짐에게 누군가를 데려간다면 남편과 동등하거나 더 큰 영향력을 가진 사람을 데려가야 한다. 그것이 브렌다에게 유익하다. 그런 사람을 찾으려면 그녀는 소속 교회 너머를 봐야 한다. 브렌다는 그 지역을 이끄는 목사들, 교단의 지도자들, 교회와 성직자들을 영적으로 감독하고 짐이 인정할 만한 사람을 데리고 가는 것이 좋을 것이다.

이 경우를 보더라도 우리는 교회와 목사가 책임과 회복과 교정을 위해서 어떤 식으로든 그리스도라는 더 큰 몸에 순종하는 것이 얼마나 중요한지를 깨닫는다. 만약 짐이 브렌다가 데려온 지도자의 호소를 듣는다면, 그들의 가정에는 희망이 있을 것이다. 짐이 회개한다면, 그들의 결혼생활과 가족 그리고 어쩌면 그들의 사역까지도 회복을 위한 긴 여정을 시작하게 될 것이다.

그러나 만약 짐이 그들 지도자가 있는 자리에서 회개하기를 거부한다면, 브렌다는 마태복음 18장 17절의 3단계로 나아가야 한다. 그녀는 그 사건을 교회로 가져가야 하고, 교회 법정이 소집되어야 한다. 브렌다는 그들의 교회에서 영적인 권위를 가진 사람들에게 현명한 조언을 구해야 하고, 교회 위원회는 그 상황을 판단하기 위해 특별히 선택된 구성원들로 위원회를 임명해야 한다. 만약 짐이 그들의 판단 또한 거부한다면, 이 교회 법정은 짐을 불신자로 선언할 권한이 있다. 그 후 만약 짐이 그녀와 이혼하면, 브렌다는 교회 법정에 의해 짐과의 결혼이라는 결속에서 풀려날 수 있다.

교회를 참여시키는 또 다른 이유는, 교회 위원회가 다음의 말씀을 짐에게 전달해야 할 성경적인 권위를 가지고 있기 때문이다.

> 이런 자를 사탄에게 내주었으니 이는 육신은 멸하고 영은 주 예수의 날에 구원을 받게 하려 함이라 고전 5:5

그 의도는 사탄이 짐과 같이 죄를 지은 지도자를 공격하는 것을 허락함으로써 너무 늦기 전에 그가 회개하고, 그의 영혼이라도 구원을 받도록 하려는 것이다.

사례 8 샌디는 마태복음 18장을 따르지 않았다

필(Phil)과 샌디(Sandy)는 10년 동안 행복한 결혼생활을 유지했고, 둘 다 교회에서 활발하게 활동했다. 그러나 필의 품행이 변하고 행동 패턴이 바뀌었다. 그는 아무 설명 없이, 몇 시간씩 자리를 비우는 일이 잦아졌고, 이내 냉담해져서 아내와 거리를 두기 시작했다. 그들의 관계는 점점 멀어져 갔다.

샌디는 무엇이 잘못되었는지 궁금했다. '필이 포르노에 중독되었나?', '그가 바람을 피우나?' 그녀는 둘 중 하나 혹은 둘 다인 상황을 의심했지만 아무 증거가 없었고, 물어보는 것조차 두려웠다. 그녀가 물어보면 그들의 결혼생활이 피해를 입을 것이라고 생각했다. 혹시 더 나쁜 경우, 필이 도망쳐버릴지도 모른다고 생각했다. 그래서 그녀는 침묵을 지키며 계속해서 기도했다. 그녀가 필에게 어떻게 지내는지 물을 때마다 그는 항상 모든 것이 좋다고 말하곤 했다. 하지만 샌디는 그가 예전 같지 않다는 것을 잘 알고 있었다.

누군가 샌디에게 이 책을 주었고, 그녀는 마태복음 18장 15-17절이 그 무엇보다 그들의 가정에 적용될 수 있다는 것을 깨달았다. 하지만 필에 대한 그녀의 경험상 그녀가 정면으로 맞섰을 때 그는 반응하지 않을 것 같았다. 그래서 그녀는 마태복음 18장의 3단계가 필을 구해줄 방법이 아니라고 판단하고 조용히 기도에만 전념했다.

결국 샌디는 필에게 둘의 관계에서 친밀감과 로맨스가 사라진 것을 느꼈고, 필에게 같이 목사님을 만날 수 있는지 물었다. 필은 그럴 필요가 없다고 말했고, 그녀에게 그의 사랑과 진심을 확신시켰다. 두어 달 동안 상황이 조금 나아진 것 같았다. 샌디는 자신의 기도가 응답되기를 바랐다. 하지만 필의 행동은 더욱 악화되었다.

필이 샌디에게 자신의 불륜을 고백했을 때는 이미 가정을 구하기에 너무 늦은 상황이었다. 필은 목사님이나 상담 전문가 또는 그들의 믿을 만한 친구들조차 만나려고 하지 않았다. 그는 샌디와 이혼할 작정이었고, 가능한 빨리 결혼을 끝내고자 했다. 샌디는 필을 위해 많이 기도했지만 결국 그를 잃어버리고 말았다. 그렇다면 그녀는 무엇을 다르게 했어야 했을까?

마태복음 18장 15-17절이 결혼생활의 위기를 해결할 수 있는 방법을 제시해준다는 사실을 알게 되었을 때, 그녀는 가장 먼저 필이 어떤 방식으로 자신에게 죄를 짓고 있는지 분명히 밝혀야 했다. 그가 순종하지 않은 말씀이 무엇인지 그녀는 남편에게 성경을 보여주며 그의 잘못을 말해주었어야 했다. 필의 마음이 주님을 향해 여전히 부드러웠을 때, 가능한 한 빨리 그 일을 했어야만 했다. 그녀는 결혼생활에서 이와 같은 종류의 죄를 결코 용납해서는 안 되었다.

마태복음 18장 15-17절에서 예수님은 샌디에게 로드맵을 제공하셨다. 하지만 그녀는 만약 자신이 마태복음 18장의 방법을 따르게 되면, 가정을 잃게 될 것이라고 되뇌었다. 그러나 나중에 밝혀진 것처럼 그녀는 결국 가정을 잃었다. 예수님보다 앞서서 생각한 효과가 전혀 없었다.

샌디와 필의 경우 제한적이기는 하지만 그들의 결혼을 구원할 기회가 충분히 있었다. 필이 자신의 잘못을 제때 직면했다면, 회개와 회복이 이루어질 수 있었을 것이다. 그러니까 결혼생활에서 죄가 드러날 때마다, 배우자에게 즉시 그 죄를 지적하는 것이 현명하다. 어떤 사람들은 배우자가 변화되기까지 시간이 필요하다고 생각하고 망설이며 기다린다. 그러나 많은 경우 죄는 더 견고해지고, 마음은 거짓된 생각에 사로잡혀 결혼생활은 결국 회복할 수 없을 정도로 망가져버린다.

샌디가 마태복음 18장 15-17절의 단계를 통해 필에 맞설 때 무슨 일이 일어날지 두려워하기보다 하나님께서 그녀의 순종을 통해 무슨 일을 행하실지 희망을 품었어야 했다. 예수님이 지속적으로 무엇을 말씀하셨는지 보라.

> 진실로 다시 너희에게 이르노니 너희 중의 두 사람이 땅에서 합심하진실로 다시 너희에게 이르노니 너희 중의 두 사람이 땅에서 합심하여 무엇이든지 구하면 하늘에 계신 내 아버지께서 그들을 위하여 이루게 하시리라 두세 사람이 내 이름으로 모인 곳에는 나도 그들 중에 있느니라 마 18:19,20

예수님은 죄악에 맞서고 교회 위원회를 소집하도록 하라는 맥락에서 샌디에게 이 말씀을 주셨다. 우리가 주님의 방식을 따라 죄지은 배우자에게 누군가를 데려갈 때, 예수님은 우리 가운데 우리와 함께 계신다. 그분은 우리를 위해 싸우시고 은혜를 베푸신다. 샌디는 필이 위태로운 상황에 놓여 있다고 생각했지만, 예수님이 나타나시면 무엇이든지 일어날 수 있다. 그분의 말씀을 경청하라.

"내가 너에게 은혜를 베풀 것이다. 내가 너에게 나의 말씀과 나의 임재를 허락할 것이다. 내가 네게 경건한 목사들과 지도자들을 보내줄 것이니 너는 그들에게 호소할 수 있다. 그 모든 도움을 받아라. 신자들 사이에 이혼은 절대 일어나서는 안 된다."

사례 9 필리스는 소속된 교회가 없다

롭(Rob)과 필리스(Phyllis)는 둘 다 신자이다. 그들은 주님을 매우 사랑하며 20년간 결혼생활을 유지했다. 하지만 그들은 교회에 소속되어 있지 않았다. 몇 가지 이유가 있었다. 그들도 한동안 교회에 소속되어 있었다. 그런데 교회가 그들이 좋아하지 않는 현대적인 스타일로 바뀌게 되자 더 이상 그 교회에 나가지 않게 되었다. 그 지역에서 그들에게 맞는 다른 교회를 찾을 수도 없었고, 주일에도 종종 일을 나가게 되자 그들은 교회와 거리가 멀어지기 시작했다. 그들은 다양한 팟캐스트를 청취하거나 전국적으로 잘 알려진 교회에서 제공하는 온라인 예배를 드렸다. 그들은 스스로 온라인상 교회의 일원이며 글로벌 교회에 소속되어 있다고 생각했다.

결혼한 지 20년이 되었을 무렵, 롭은 필리스에게 20년 전과 같은 사랑을 느끼기 위해 애쓰고 있다. 그는 일종의 정체성의 위기를 겪었고, 직장에서 함께 일하는 25세의 매력적인 여성이 그에게 보여주는 관심에 마음을 빼앗겼다. 그는 성경을 많이 읽지 않았으며, 생방송으로 진행되는 예배도 아무 생각 없이 그저 바라볼 뿐이었다. 유혹이 밀려오자 그의 마음은 싸늘해졌다.

필리스는 그것을 문제 삼으며 롭에게 상당히 날카롭게 질문했고, 결국 그는 마음을 열고 자신에게 무슨 일이 일어나고 있는지 말했다. 하지만 진정으로 회개하지는 않았다. 그는 자신이 노력하고 있다고 했지만, 회개하고 그 마음을 다시 아내에게 돌릴 준비가 되어 있지 않았다.

필리스는 무엇을 할 수 있을까? 필리스는 기도할 수 있다. 그리고 그녀가 자신도 알지 못한 사이에 이미 실행한 마태복음 18장 15-17절의 1단계를 따를 수 있다. 하지만 그 외에 그녀가 어떤 일을 할 수 있을지 모르겠다. 왜냐하면 그들이 그들의 문제를 호소할 수 있는 그리스도의 몸 된 교회의 지도자들과 연결되어 있지 않기 때문이다. 롭이 복종할 만한 어떤 교회나 교회 지도자도 없었기 때문이다.

필리스의 실수는 사실 몇 년 전에 이미 발생했다. 그녀와 롭이 교회의 소속과 책임에서 떠났을 때, 필리스는 마태복음 18장을 적용했어야 했다. 교회를 떠남으로써 그들은 서로에게, 그리고 자녀들에게 죄를 지은 것이다. 손이나 발 또는 신체의 어떤 부분이라도 그 몸에 연결되어 있어야 하는 것처럼 신자들 역시 교회에 연결되어야 한다. 만약 필리스가 이것을 인식하고, 회개하고, 롭을 꾸짖고, 그들이 다시 교회에 연결되었다면, 필리스는 롭이 죄를 지었을 때 교회로부터 도움을 받을 수 있었을 것이다.

그러나 롭은 이제 더 이상 교회의 어떠한 영적 권위도 인정하지 않았다. 그들은 너무 오랫동안 모이기를 힘쓰라는 그리스도의 당부를 거절했다(히 10:25). 롭에게는 그와 함께 마주 앉아 그를 권면할 권한을 가진 사람이 아무도 없었다.

필리스의 불순종은 그녀를 꼼짝 못하게 가둬버렸다. 필리스와 같은 사람을 위한 그리스도의 공급하심은 건강한 지역 교회와의 생명력 있는 연결을 통해 다시 가능해진다. 교회와의 연결고리가 없는 필리스에게는 마태복음 18장 16,17절을 따라 행동할 근거도 없는 것이다. 하지만 적어도 필리스는 기도할 수 있다. 그리고 그녀는 롭에게 전문 상담가를 만나자고 간곡히 부탁할 수 있다.

사례 10 스티브는 통제하려고 하고 질투한다

스티브(Steve)와 캐런(Karen)은 둘 다 주님을 사랑하는 사람이다. 교회에 적극적으로 참여하고 있으며, 15년 동안 평화롭게 결혼생활을 유지해왔다. 그러나 상황이 변하기 시작했다. 스티브는 캐런에 대해 점점 더 조정하거나 통제하려 들었으며 질투심도 많아졌다. 그는 그녀가 어떤 일을 하는 것을 금지하기 시작했다. 그는 에베소서 5장 22절 말씀과 같이 그녀가 자신에게 복종할 것을 요구했다. 한번은 그녀가 술집에서 남자들과 시시덕거리기 위해 외출했다고 비난했다. 그녀는 여러 친구들과 함께 그중 한 명의 생일을 축하하기 위한 저녁 식사 모임에 나갔는데도, 스티브는 편집증적으로 그녀가 거짓말을 하고 있으며, 실제로는 독신자들을 위한 술집에 갔다고 추측했다.

스티브는 몇 가지 감정적인 문제로 최근 몇 년 동안 약을 복용해왔고, 대부분의 증상이 호전된 것 같았다. 그러나 최근 그의 행동은 예측할 수 없었고 편집증도 한층 심각해지는 조짐을 보였다.

캐런은 어떻게 해야 할까? 일단 의료 전문가의 도움을 받을 수 있을 것이다. 또 스티브가 그녀에게 죄를 짓고 있기 때문에 마태복음 18장 15-17절의 지혜를 통해 지침을 받을 수 있으리라 생각한다. 스티브는 그리스도께서 교회를 사랑하듯이 그녀를 사랑하는 것이 아니라 그녀 위에 군림하고 그녀를 지배하고 있다.

캐런은 스티브를 찾아가 자신에게 죄짓는 것을 멈추고 회개하라고 호소해야 한다. 또한 현재 그의 상태에 대한 의학적인 진단을 받기 위해 다시 의사를 찾아가도록 호소해야 한다. 스티브가 캐런의 제안을 듣고 받아들이면, 그들의 관계는 앞으로 나아갈 수 있다.

만약 스티브가 그녀의 제안을 무시하고 자신의 편집증을 지적하는 것에 화를 낸다면, 그녀는 2단계로 나아가 스티브에게 한두 사람을 데려가야 한다. 그 사람들 중 한 명은 의료 전문가일 수도 있다.

우리의 희망은 스티브가 캐런이 데려간 사람들의 지혜와 훈계를 받아들이는 것이다. 그리고 그들의 결혼생활과 스티브의 의학 치료를 통한 회복을 향해 두 사람이 앞으로 나아갈 길을 찾는 것이다. 마태복음 18장 15-17절에 기록된 예수님의 조언은 결혼생활에 유익하고 지혜롭다!

사례 11 프랭크의 아내는 불신자다

프랭크(Frank)가 샐리(Sally)를 만났을 때, 그들은 곧바로 눈이 맞았다. 그들은 성격도 아주 잘 맞았다. 모든 것이 완벽했다. 단 한 가지만 제외하고. 샐리는 기독교인이 아니었다. 그러나 그녀는 프랭크와 함께 교회에 가기로 동의했다.

그들이 결혼에 관한 이야기를 시작했을 때, 샐리는 프랭크와 함께 교회에 계속 나가는 것에 대해 우호적이었다. 프랭크는 그녀가 결국 말씀을 듣고 감동하여 주님을 영접하게 될 것이라는 희망으로 그녀와 결혼했다. 나중에 알게 된 일이지만, 그녀는 프랭크와 함께 몇 년 동안이나 교회에 다녔지만 그런 변화가 전혀 일어나지 않았다.

그들이 결혼생활을 20년 넘게 지속하고 있을 때, 샐리는 다른 남자와 잠자리를 가졌고 프랭크는 그녀에게 그러지 말라고 부탁했지만 그녀는 받아들이지 않았다. 샐리는 변화에 관심이 없었다. 프랭크는 지금 무엇을 할 수 있을까? 샐리는 신자가 아니고 그들의 교회에 소속되지 않았기 때문에 마태복음 18장 16,17절의 과정을 적용할 수 없다.

이제야 프랭크는 믿지 않는 사람과 결혼한 것을 후회했다. 그렇기 때문에 성경의 지혜를 자신의 결혼생활에 적용할 수 없다는 사실을 뒤늦게 깨달았다. 기껏해야 그는 샐리가 그와 함께 결혼 상담가와 만나 상담하는 일에 협조해주기를 바랄 뿐이다.

사례 12 그렉과 트레이시는 맹렬히 싸운다

그렉(Greg)과 트레이시(Tracy)는 주님과 교회 그리고 서로를 정말 사랑한다. 하지만 두 사람 모두 욱하는 성질이 있고, 자기주장이 강하다. 그들은 둘 다 그들의 민족적 뿌리를 비웃고, 그것을 그들이 물려받은 유산 탓으로 돌린다. 그들은 늘 서로 반대만 하며 싸웠다. 둘 다 결혼이 순조롭게 이루어지기를 기대했지만 정반대의 일이 벌어졌다. 그들이 결혼한 후에 상황은 더욱 나빠졌다. 그들이 아이를 가졌을 때도 가정 안에서 서로 조율해야 하는 문제 때문에 매우 어려워졌다.

결혼한 지 15년이 되었을 때, 그들은 서로에게 소리 지르는 일에 익숙해져서 그것이 거의 매일의 일상이 되었다. 두 사람 모두 그들 사이에 건강한 관계성이 사라져가는 것을 느꼈다.

그들은 무엇을 해야 하는가? 둘 중 한 명이 마태복음 18장 15-17절을 꺼내놓고, 그들의 결혼생활에 대해 심각하게 고민해봐야 한다. 그들은 서로에게 죄를 짓고 있다. 그 죄는 그 가정에 암과 같다. 그들은 죄를 회개해야 하며, 그들의 관계에서 용인해온 죄에 대해 전쟁을 선포해야 한다. 만약 둘 중 한 명이 마태복음 18장 15-17절의 단계를 그들의 결혼생활에 적용한다면, 그들의 결혼은 치유될 것이고, 그들의 가족은 질서를 갖게 되리라 희망한다.

나는 마태복음 18장 15-17절의 3단계를 통해 갈등 가운데 있는 크리스천의 결혼생활에 어떻게 치유를 가져다줄 수 있는지 실제적으로 보여주기 위해 사례들을 열거했다. 분명히 서로 다른 수십 개 가상의 사례들을 통해 관계의 화해를 위한 예수님의 지혜를 실천하는 데 실질적인 도움을 받을 수 있기를 바란다.

이들 예화의 요점은 모든 상황을 어떻게 다루어야 하는지를 정확히 제시해주는 것이 아니라, 각각의 상황에 지혜롭게 대처할 수 있는 일반적인 가이드라인을 제공했다는 것이다. 인간관계는 종종 특별한 상황에 놓이게 되고, 특별한 상황은 때때로 특별한 반응을 필요로 한다. 이때 우리는 지침서를 따르는 것이 아니라, 각각의 상황에서 성령님의 인도를 받고, 현명한 지도자들의 조언을 따라야 한다. 예수님께서 당신에게 각각의 상황을 어떻게 풀어나가야 할지 보여주실 것이다.

당신은 당신의 결혼생활에 갇혀 있을 필요가 없다. 예수님의 방식으로 죄를 추적하라. 당신의 결혼 안에서 하나님의 축복과 기쁨과 번영을 누려라!

요약

쉽게 참고할 수 있도록 이 책의 주요 메시지를 다음과 같이
요약한다.

- 이 책의 메시지는 그들의 상황이 꽉 막혀 있다고 생각
  하는 크리스천 부부에게 앞으로 나아갈 방법을 제공
  한다.
- 관계의 갈등을 해결하기 위해 마태복음 18장 15-17절
  에 제시된 예수님의 명령을 가정에 적용한다.
- 멈춰서 묻는다. "배우자가 내게 죄를 짓고 있는가?" 만
  약 그렇다면 죄를 명확히 하고, 그 죄에 대해 전쟁을
  선포하라. 결혼생활에서 죄는 암과 같은 존재이기 때
  문이다.
- 당신의 형제나 자매가 당신에게 죄를 지으면, 예수님
  은 당신에게 그들을 꾸짖으라고 명령하신다. 당신은
  그들에게 가서 그들의 잘못을 말해야 한다.
- 만약 배우자가 당신의 말을 듣지 않으면, 배우자에게
  한두 명의 증인을 데려가라(마 18:16).

- 만약 배우자가 증인들의 말도 무시한다면, 그 문제를 교회 위원회에 말하라(마 18:17).

- 예수님은 당신에게 대립적인 관계에 대한 부담을 주기 위해서 이 3단계를 주신 것이 아니다. 당신이 앞으로 나아갈 수 있도록, 당신의 무거운 짐을 덜어주기 위해서 이 3단계를 제시하셨다.

- 오직 교회만이 회개하지 않는 신자를 불신자로 선언할 수 있는 권한을 가졌다.

- 죄지은 배우자가 교회로부터 불신자로 선언되었을 때, 이것은 교회와 충실한 배우자가 불신자 배우자와 관계를 맺는 방식도 변화시킨다.

- 충실한 배우자들은 그리스도에 대한 순종과 그분의 신실하심에 대한 확신으로 마태복음 18장을 적용할 것이다.

- 이러한 순종이 가정에 그리스도의 샬롬을 회복시키고, 아이들 주위에 천사의 보호를 되찾게 하며, 죄지은 배우자를 심판으로부터 구원하고, 이혼을 방지하고, 무고한 배우자를 감싸주고, 결혼을 구한다.

- 이혼과 재혼의 경우, 예수님은 간음이 항상 그 사이 어

딘가에 존재한다고 가르치셨다.

- 심지어 자신의 의사와 반대로 이혼한 무고한 배우자가 재혼하더라도 간음을 저지르는 것이다.

- 나라에서 부부의 이혼을 허락했다고 해서 하늘도 그들의 이혼을 인정하는 것은 아니다.

- 크리스천 부부는 그냥 이혼해서는 안 된다. 만약 그들이 이혼한다면, 그들에게 남는 선택은 독신으로 남거나, 이혼한 배우자와 재결합하는 것뿐이다. 다른 사람과의 재혼은 고려의 대상이 아니다.

- 바울은 믿지 않는 배우자가 원해서 이혼을 당한 신자는 그 결혼에 속박되지 않는다고 분명히 말했다. 따라서 신자는 간음죄를 저지르지 않고, 자유롭게 다른 신자와 재혼할 수 있다.

- 만약 신자가 다른 신자와 이혼하려 한다면, 그들은 서로에게 죄를 짓는 것이다. 무고한 배우자는 죄를 범한 배우자를 교회 법정으로 데려갈 수 있다. 교회 법원은 궁극적으로 죄를 짓고 회개하지 않는 신자를 불신자로 선언할 권한을 가졌다.

- 만약 교회의 권위로 신자인 배우자가 불신자로 판결

되었다면, 그 상대 배우자인 신자는 더 이상 그 결혼에 속박되지 않고 자유롭게 재혼할 수 있다(고전 7:15). 이것은 무고한 배우자를 위한 교회 법원의 필수적인 개입이다.

- 만약 신자가 신자와 이혼하는 문제에 교회 법정을 개입시키지 않는다면, 그들은 서로에게 결속되어 있으므로 다른 사람과 재혼할 자유가 없다.

- 마태복음 18장 15-17절에 기록된 예수님의 계명을 따르는 목적은, 위기에 처한 크리스천 부부가 회복되고, 자녀들을 잘 양육하기 위해서다. 당신은 갇혀 있을 필요가 없다.

"예수님, 우리는 당신의 완벽한 지혜를 경배합니다."

08

몇 가지 질문에
답하고
기도하다

이 책이 수면 위로 떠오르게 한 몇 가지 질문들과 당신이 고려해볼 만한 몇 가지 해답이 여기에 제시되어 있다.

Q&A 1

내 배우자는 나에게 죄를 짓고 있지만, 이제 막 신앙생활을 시작한 크리스천입니다. 나는 마태복음 18장 15-17절의 2단계와 3단계를 실천하면서, 나의 배우자를 신앙에서 멀어지게 하고 싶지 않습니다. 어떻게 해야 할까요?

나는 예수님의 지혜를 전적으로 확신하기에 이렇게 말할 것입니다. 다정하고 깊은 애정으로 마태복음 18장 15-17절을 실천하십시오. 우리가 이 단계를 실행할 때, 예수님께서 그 자리에 함께해주신다고 말씀하셨습니다(마 19:20). 갈등의 중심에 예수님이 나타나셨을 때, 당신의 결혼생활에 어떠한 일이 일어날 수 있을까요? 나는 결국 당신이 하나님께서 당신을 대신해서 이루어주신 일들을 목격하고 놀라게 될 것이라고 믿습니다.

Q&A 2

결혼생활로 스트레스를 받을 때, 마태복음 18장 15-17절만이 유일한 해결 방법인가요?

아닙니다. 크리스천 부부를 살릴 수 있다면, 오늘날 당신이 활용할 수 있는 광범위한 자원을 자유롭게 사용하십시오. 그 어느 때보다도 성령과 말씀의 생명이 흐르는 그리스도의 몸에 가까이 가십시오. 그리고 기도하십시오. 왜냐하면 하나님께서 당신의 기도를 기뻐 받으시기 때문입니다. 마태복음 18장을 실행하기 전에, 열렬히 기도하십시오. 주님께서 당신에게 지혜를 주실 것입니다. 성령님은 돕는 자로 우리에게 오셨습니다. 그분은 우리를 진정으로 인도해주기를 원하십니다(롬 8:14).

Q&A 3

나에게 죄를 짓고 있는 배우자는 믿지 않는 사람입니다. 어떻게 해야 할까요?

불신자들은 성경이나 교회의 권위를 인정하지 않기 때문에, 당신은 마태복음 18장의 3단계를 실행할 수 없습니다. 그러나 적어도 첫 번째 단계에 제시된 지침대로 개인적으로 배우자에게 문제를 제기할 수 있습니다. 그러나 믿지 않는 배우자에게 "당신이 지금 나에게 죄를 짓고 있는 거야"라고 말하지 마십시오. 왜냐하면 그들은 하나님을 대적하는 죄를 피해야 한다고 여기지 않기 때문입니다. 대신에 당신은 그들의 부정적인 행동이 두 사람의 건강한 결혼생활에 해롭다고 말할 수 있습니다. 아마 당신은 당신의 배우자에게 함께 전문 상담가를 만나볼 의향이 있는지 묻고 싶을 것입니다. 그리고 무엇보다 당신은 기도할 수 있습니다.

Q&A 4

만약 배우자가 자신의 죄를 뉘우치고 부부가 서로 화해했는데, 그 후 배우자가 같은 죄를 다시 반복해서 짓는다면 저는 어떻게 해야 할까요?

그에게 가서 두 사람 사이에 그가 저지른 잘못을 말하십시오. 예수님은 우리에게 일곱 번씩 일흔 번이라도 용서하라고 하셨습니다(마 18:22). 죄를 진정으로 슬퍼한다면, 당신의 배우자가 죄를 극복하기 위해 싸우고 있는 한 계속해서 책임을 묻고, 계속 배우자를 용서하십시오. 그리고 배우자가 죄를 극복하는 데 도움이 될 수 있는 시스템과 자원을 찾아야 합니다. 만약 당신의 배우자가 죄를 극복하기 위해 더 이상 노력하지 않는다는 확신이 드는 순간이 오면, 그때가 2단계로 넘어가야 할 때인지도 모릅니다 (마 18:16).

Q&A 5

남편은 포르노 중독입니다. 남편이 마음속으로 계속 간음하고 있다는 뜻입니다(마 5:28). 이것이 내가 배우자와 이혼할 수 있는 근거가 될까요?

아닙니다. 하지만 어떤 사람은 나의 의견에 동의하지 않을 것입니다. 나는 그들의 입장을 설명하기 위해 노력할 것입니다. 많은 사람들이 '포르노그래피'(pornography)라는 영어 단어를 헬라어 '포르네이아'(porneia)와 연관 지어 생각합니다. 하지만 '포르네이아'는 간음 또는 간통을 뜻하거나 성적인 죄를 뜻합니다(포르네이아는 헬라어 '폰'(porne), 다시 말해 창녀라는 말에서 파생된 것입니다). 포르노그라피(pornography)라는 단어도 포르네이아(porneia)에서 파생되었기 때문에, 사람들은 '포르노'를 보는 것이 간통의 형태라고 생각합니다. 그리고 예수님도 간통(포르네이아)이 이혼의 근거가 된다고 말씀하셨습니다(마 5:32, 19:9).

그러나 나는 '포르노'를 보는 것이 '포르네이아'라는 것에는 동의하지 않습니다. 오히려 나는 포르네이아가 성적인 죄를 짓는 육체적 행위라는 의견에 동의합니다. 포르노를 보면서 간통하는 것을 상상하는 것과 실제로 육체적 간통을 하는 것 사이에는 차이가 있다고 생각합니다.

바울 역시 고린도전서 6장 18절에서 포르네이아의 구별을 지지하는 것으로 보입니다. "음행(포르네이아)을 피하라 사람이 범하는 죄마다 몸 밖에 있거니와 음행(포르네이아)하는 자는 자기 몸에 죄를 범하느니라." 바울에게 '포르네이아'는 단순한 생각이나 상상이 아닌 육체에 의해 저질러진 죄였습니다.

신약용어 해설사전(Vine's Expository Dictionary of New Testament Words)에 따르면, '포르네이아'는 불법적인 성관계를 뜻합니다(요 8:41 ; 행 15:20,29, 21:25 ; 고전 5:1, 6:13,18 ; 고후 12:21 ; 갈 5:19 ; 엡 5:3 ; 골 3:5 ; 살전 4:3 ; 계 2:21, 9:21).

생각과 행동에는 차이가 있다고 생각합니다. 그 차이를 설명하기 위해, '증오'를 예시로 들어보겠습니다. 요한은 그의 형제를 미워하는 사람은 살인자라고 말했습니다(요일 3:15). 하지만 우리는 어떤 사람이 다른 누군가를 미워한다고 해서 그를 살인죄로 기소하지는 않습니다. 살인죄로 기소되려면, 실제로 누군가를 죽여야 합니다. 생각과 행동은 법률상 같은 범주에 속해 있지 않습니다. 이와 같이 어떤 사람이 '포르네이아'로 유죄를 받으려면, 그 사람은 성욕을 넘어 실제로 성적인 죄를 지어야 합니다.

따라서 저는 포르노를 보는 것이 성경에 제시된 이혼 사유는 될 수 없다고 생각합니다. 포르노 중독은 끔찍한 죄이고, 포르노에 빠진 사람을 구하기 위해 온갖 수단을 동원해야 하지만, 이것이 실제 간음으로 이어지지 않는 한, 이혼 사유로 간주되어서는 안 됩니다.

이렇게까지 말한 이상, 포르노가 인공지능과 같은 기술을 통해 새롭고 어두운 길로 진입할 태세를 갖추고 있음을 인정한다고 말씀드리고 싶습니다. 따라서 당신이 특별히 복잡해 보이는 상황에 직면해 있다면, 당신의 교회 지도자들을 그 상황을 분별하는 과정에 참여시켜야 합니다.

Q&A 6

만약 배우자가 죄를 짓고 있기는 하지만, 그가 저지르고 있는 죄가 나에게 불편하지 않다면 어떻게 해야 할까요? 그래도 마태복음 18장을 따라야 할까요?

아닙니다. 마태복음 18장의 3단계는 배우자가 당신에게 개인적으로 죄를 짓고 있을 때만 따라야 합니다. 예를 들어, 당신의 배우자가 직장 동료에 대해 잘못된 태도를 갖고 있거나, 그들이 친구들과 누군가에 대한 험담을 한다면, 그 문제들은 개인적으로 당신에게 저지른 죄는 아닙니다. 그런 경우 당신은 배우자를 변화시키기 위해 부드럽게 격려할 수 있고, 그를 위해 기도할 수 있습니다. 하지만 마태복음 18장을 적용할 필요까지는 없습니다.

Q&A 7

나는 아내이므로 남편에게 복종하기 원합니다(엡 5:22). 그러면 만약 내가 누군가를 남편에게 데려가서, 그가 내게 죄를 지은 사실을 직면시킨다면, 그것은 남편에게 복종하라는 성경의 명령을 위반하는 것이 아닐까요?

아닙니다. 당신의 남편이 회개하는 데 필요한 도움을 늦추는 것은 복종이 아닙니다. 당신의 형제가 당신에게 죄를 짓고 있는 동안 침묵하는 것은 복종이 아니라 어리석은 행위입니다. 당신의 남편은 항상 당신을 그리스도께 복종하도록 격려해왔을 것입니다. 그리고 지금 당신도 그렇게 하고 있습니다. 사실 당신이 남편과 기꺼이 맞서려고 하는 것은 당신의 복종을 증명하는 것입니다. 그것은 당신이 주님께 복종해서 2단계로 기꺼이 나아가려는 모습을 보여주는 것입니다. 당신은 죄를 공격하는 것이지, 남편을 공격하는 것이 아닙니다. 다시 말해, 2단계에서는 당신의 남편과 주님을 향한 순종의 마음과 용기가 필요합니다.

Q&A 8

목사님, 혹시 이 책에 제시된 메시지를 따르고, 그들의 상황에 마태복음 18장의 3단계를 적용하여 우리에게 간증을 해줄 만한 커플의 이야기가 있나요?

아니요, 없습니다. 그래서 이 책을 썼습니다. 우리가 실천하고 따를 필요가 있으니까요. 내가 3단계를 제안했던 사람들은 그것을 끝까지 따르는 것을 포기했습니다. 예수님의 방법을 적용했을 때 그들의 결혼생활에서 좋은 열매를 맺을 거라고 믿지 못하는 것일까요? 나는 2단계까지 따른 커플들을 알고 있습니다. 하지만 그들은 3단계까지 이르지 못했습니다. 오히려 그들의 결혼생활에 마태복음 18장을 따르지 않아 그 결과로 고통받은 사람들의 이야기를 들려줄 수 있습니다.

그러나 마태복음 18장을 전부 따른 사람들의 이야기는 없습니다. 나 역시 여전히 그 이야기를 듣게 되기를 기다리고 있습니다. 그리고 그렇게 따를 수 있을 것으로 확신합니다. 나는 남편과 함께 마태복음 18장을 따르기로 결정한 한 여성에 대한 이야기를 알고 있습니다.

그들은 성경의 지침에 따라 한 걸음씩 내딛기 시작했어요. 그러자 주님이 갑자기 개입하셨고, 남편의 인생에 강력히 역사하셨고, 놀라운 방법으로 그들의 결혼생활을 화해시키셨습니다. 기꺼이 말씀에 순종하려는 마음이 하늘을 움직인 것 같았습니다. 그들의 결혼생활은 완전히 치유되고 회복되었습니다. 그러나 그들은 실제로 2단계에 들어가기 전에, 하나님께서 그들을 완전히 치유하고 회복시키셨습니다.

나는 "우리가 마태복음 18장에 순종했지만 효과가 없었다"라고 말하는 사례들도 접했습니다. 그러나 면밀히 조사해보니, 실제로 그들은 마태복음 18장 17절에 이르기까지 말씀을 온 힘을 다해 따르지 않았고, 교회 장로들에게 판단을 구하지도 않았습니다. 만약 당신이 예수님의 방법을 따른 결과 좋은 열매를 맺게 되었다면, 나에게 그 이야기를 공유해주십시오!

Q&A 9

신명기 24장 1-4절은 이혼과 재혼에 관한 흥미로운 말씀입니다. 이 구절이 이 책의 메시지에 적용될 수 있을까요?

이 구절은 거의 적용되지는 않습니다. 하나님은 모세에게 특정한 상황에 대해 말씀하셨습니다. 이 경우 그 남자는 간통죄를 범하게 될 뿐만 아니라 다른 사람과 재혼한 그의 이전 배우자와 다시 재혼함으로써 하나님 앞에 가증한 죄를 저지르고 그 죄가 가중되었습니다. 그러나 이것은 극히 일부 사례에만 적용되는 매우 독특한 상황입니다.

Q&A 10

저는 다른 여자와의 외도로 아내에게 죄를 짓는 실수를 저질렀습니다. 아내는 저의 죄를 말했고 우리의 사건을 2단계로 가져갔습니다. 저는 결국 회개했습니다. 하지만 저는 그녀를 기쁘게 해줄 수 없을 것 같습니다. 제가 모든 면에서 완벽하게 대처하고 있지 못하다는 것을 알지만, 저는 우리의 결혼을 지켜내고 싶습니다. 도리어 아내가 우리의 결혼에서 벗어나 다른 누군가와 결혼하고 싶어 하는 은밀한 욕망이 느껴집니다. 어떻게 하면 좋을까요?

그녀에게 단도직입적으로 물어보십시오. "아무리 노력해도 내가 당신을 기쁘게 할 수 없는 것 같아. 당신은 이혼을 바라는 거야? 아니면 우리가 정말 이 상황을 극복하기를 바라는 거야?" 만약 아내가 지나치게 가혹하고 비이성적으로 느껴진다면, 그녀가 당신에게 죄를 짓고 있는 상황은 아닌지, 스스로 질문해보아야 합니다. 만약 그녀가 당신에게 죄를 짓고 있다면, 당신은 그녀에게 개인적으로 그녀의 죄에 대해 이야기해야 합니다.

Q&A 11

남편은 믿는 사람이고 매우 느긋한 성격을 가지고 있습니다. 남편이 저지른 죄를 말하고 권고할 때마다 그는 바른 말을 하지만 실질적인 후속 조치는 거의 없습니다. 우리가 대화를 나눌 때 그는 잘 받아주고 친절합니다. 그러나 예수님의 제자로서 뚜렷한 진전은 보이지 않습니다. 그의 소극적인 태도 때문에 달라지는 것이 거의 없는 것 같습니다. 제가 무엇을 해야 할까요?

그의 성품과 그가 당신에게 죄를 짓는 것을 구분하십시오. 당신은 그의 온화한 성품이 느긋한 성격과 패키지라는 사실을 알고 결혼했습니다. 당신은 평생 그와 함께 살겠다고 서약했습니다.

남편을 있는 그대로 사랑하십시오. 그러나 그가 당신에게 확실하게 죄를 짓는다면, 그를 꾸짖고, 그의 잘못을 보여주고, 그에게 호소하십시오. 그가 예수님을 더욱 닮아가려고 할 때, 그는 가장 위대한 전사가 될 것입니다.

Q&A 12

저의 남편은 결혼생활의 갈등을 다른 사람에게 말하지 않도록 금지했습니다. 어떻게 해야 할까요?

그에게 마태복음 18장 15-17절을 제시하고, 그의 잘못을 말해주십시오. 당신은 그가 빛 가운데 걷기를 거부하는 것이 그의 잘못이라고 설명할 수 있습니다(요일 1:7 ; 시 32:5). 그는 자신의 죄를 그리스도의 빛 가운데로 가져갈 마음이 없기 때문에, 다른 믿는 사람들이 그를 도울 수 없습니다. 남편이 자신의 죄를 숨기는 대신, 그가 당신의 말을 들을지 확인해보십시오. 만약 그가 당신의 말도 듣지 않는다면, 당신은 예수님의 제자로서 하나님 앞에서 2단계를 밟아야 한다고 설명하십시오. 필요하다면 당신은 그다음 단계로 나아가야 합니다. 하나님께 먼저 순종해야 하기 때문입니다. 남편은 그다음입니다(행 5:29).

왜 제가 배우자와 함께 마태복음 18장의 단계를 따르는 것을 고민해야 할까요? 저는 이미 그가 모든 것을 무시하고, 그를 받아주는 다른 교회를 찾아가리라는 것을 알고 있습니다.

당신의 배우자가 어떻게 반응할지 당신이 상상할 수 있더라도, 마태복음 18장에서 제시된 예수님의 말씀에 반드시 순종하십시오. 오히려 예수님께 순종하고 그러고 나서 배우자가 어떻게 반응하는지 살펴보십시오. 예수님에 대한 당신의 순종은 어쩌면 당신의 배우자에게서 구원을 이끌어 내는 값진 반응을 일으킬 수 있을 것입니다. 순종을 선택하십시오.

밥 소르기의 기도

예수님,

마태복음 18장 15-17절의 지혜와

우리의 결혼생활을 회복하기 위해

필요한 모든 것을 주심에 감사드립니다.

당신을 사랑하는 경건한 자녀를 키울 수 있도록,

우리 가정에서 당신의 샬롬을 누릴 수 있도록 우리를 도우소서.

이 책을 읽은 모든 이들에게

그리스도를 아는 지식 안에서

은혜와 지혜와 조언과 이해를 베푸소서.

우리와 우리의 결혼과 가정을 위해 대신 싸워주소서.

우리에게 순종과 제자의 길을 보여주소서.

우리가 당신을 더 잘 알 수 있도록,

당신의 마음으로 우리를 더 가까이 이끄소서.

그리고 우리를 승리한 자들과 나란히 앉게 하소서.

아멘.

부부 문제로 꼼짝 못하는 사람들에게

초판 1쇄 발행   2020년 11월 23일

지은이   밥 소르기
옮긴이   김유비

펴낸이   여진구
책임편집   안수경 최은정
편집   이영주 김윤향 최현수 김아진 정아혜
책임디자인   마영애 | 노지현 조아라 조은혜
기획홍보   김영하   해외저작권   기은혜
마케팅   김상순 강성민 허병용   마케팅지원   최영배 정나영
제작   조영석 정도봉   경영지원   김혜경 김경희

303비전성경암송학교 유니게과정 박정숙 최경식
이슬비전도학교 / 303비전성경암송학교 / 303비전꿈나무장학회 여운학

펴낸곳   규장

주소   06770 서울시 서초구 매헌로 16길 20(양재2동) 규장선교센터
전화 02)578-0003   팩스 02)578-7332
이메일 kyujang0691@gmail.com   홈페이지 www.kyujang.com
페이스북 facebook.com/kyujangbook   인스타그램 instagram.com/kyujang_com
카카오스토리 story.kakao.com/kyujangbook
등록일 1978.8.14. 제1-22

ⓒ 한국어 판권은 규장에 있습니다.
이 출판물은 저작권법에 의해 보호를 받는 저작물이므로 무단 전재와 무단 복제를 할 수 없습니다.

책값 뒤표지에 있습니다.
ISBN 979-11-6504-150-2 03230

규 | 장 | 수 | 칙

1. 기도로 기획하고 기도로 제작한다.
2. 오직 그리스도의 성품을 사모하는 독자가 원하고 필요로 하는 책만을 출판한다.
3. 한 활자 한 문장에 온 정성을 쏟는다.
4. 성실과 정확을 생명으로 삼고 일한다.
5. 긍정적이며 적극적인 신앙과 신행일치에의 안내자의 사명을 다한다.
6. 충고와 조언을 항상 감사로 경청한다.
7. 지상목표는 문서선교에 있다.